조선 막사발에서 신라 금관까지

– 우리 문화재의 정체성을 찾아서

이 책은 방일영문화재단의 지원을 받아 저술·출판되었습니다.

우리
문화재의
정체성을
찾아서

조선
막사발에서
신라
금관까지

손정미 지음

역사인

차 례

조선 막사발

조선 막사발(일본국보 일명 기자에몬 이도다완)

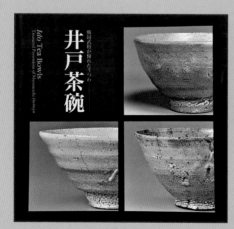 

2013년 일본 네즈미술관에서 열린 이도다완 특별전 도록과 포스터

일본 근대사에서 메이지 유신의 핵심 역할을 했던 사쓰마 번(현재 가고시마현)은 1867년 영국 글로버 상회의 중개로 거액의 서양 군함을 사들였다. 중앙정부가 아닌 지역 번에서 서구식 무장을 위해 군함을 구입한 것이다. 조금 뒤 보겠지만 사쓰마 번은 서구 열강인 영국에 크게 혼난 뒤 서구식 근대화를 해야 한다며 이를 행동에 옮긴 것이다. 참고로 일본이 조선을 강제로 개항시키기 위해 운요호 사건을 일으킨 것이 1875년이었다. 사쓰마 번은 거액을 주고 구입한 군함의 이름을 '카스가마루(春日丸)'라고 지었다.

카스가마루. 임진왜란을 일으킨 도요토미 히데요시에게 조선 출병 명령을 받은 당시 사쓰마 번의 영주 시마즈 요시히로가 조선 침략을 위해 만들었던 바로 그 전선戰船의 이름이었다. 사쓰마 번은 임진왜란이 270여 년 지난 뒤 그 이름을 새삼 다시 꺼낸 것이다. 번藩은 에도시대 1만석 이상의 영토를 가진 봉건 영주인 다이묘가 지배하던 영토다.

사쓰마 번뿐 아니라 조슈 번과 사가 번도 일본 메이지 유신을 일으킨 주요 번들인데 이들은 공교롭게도 임진왜란 때 대규모 군대를 출병시킨 왜장들이 다스리던 번들이었다. 조선군은 당시 왜군이 쏘아대는 강력한 조총에 무너졌는데, 사쓰마 번은 임진왜란 훨씬 전부터 성능 좋은 조총을

대량 생산해 사용하고 있었다. 일본은 임진왜란 40여 년 전부터 강력한 총을 실전에서 사용하고 있었다. 일본의 혼란스러운 전국戰國 시대를 통일한 도요토미 히데요시는 원래 오다 노부나가를 주군으로 섬겼는데, 휘하에서 조총 생산을 관장하던 자였다.

사쓰마 번, 조슈 번(현 야마구치현), 사가 번(현 사가현과 나가사키현)의 공통점이 있다. 이들은 임진왜란에 나란히 참전했고 조선의 사기장(도공)을 가장 많이 납치해간 번들이었다.

임진왜란을 '도자기 전쟁', '찻사발 전쟁'이라고도 부르는 이유가 여기에 있다. 이들 번주들은 조선 막사발이라 불리던 찻사발(이도다완)에 빠져 이를 얻고 싶어 안달하던 자들이었다. 조선 막사발을 가장 탐욕스럽게 원했던 자는 도요토미 히데요시였다. 도요토미 히데요시가 조선 막사발을 숭배한 데에는 그의 차를 담당했던 센노 리큐가 있었다.

대략 일본은 헤이안 시대(794~1185)부터 차 문화가 형성됐다. 초기에는 당나라에 유학을 다녀온 유학승들이 차를 마셨고 차츰 귀족과 무사들도 차 마시기를 즐기게 됐다. 처음엔 승려들이 자신들의 양생養生을 위해 마시던 차였는데 선종을 전파한 승려 에이사이가 "차는 선약이며 장수를 돕는 묘술이다"고 말하면서 급속도로 차를 찾는 사람이 늘었다.

차 문화가 성행하면서 귀족과 상급 무사들은 서원書院이란 공간을 만들었다. 무사 계급이 점차 주를 이루면서 자신들은 무술만 닦는 존재가 아니라 학문을 연마하는 존재라는 것을 부각시키기 위해 서원이라고 이름 붙였다. 서원은 주거지이기도 하면서 일본 상류층이 손님을 대접하는 다실을 의미하기도 했다. 다다미 4장 정도의 크기로 지어 여기에 중국에서 들여온 그림을 걸고 중국에서 수입한 다구와 문방구들을 올려놓았다. 중국에서 수입한 찻잔 등 다구와 붓과 먹, 벼루 연적 등을 당물唐物이라 하고 중국 회화인 당화唐畵를 감상하며 차를 마셨다. 중국에서 만든 섬세하면서도 화려한 기교를 뽐내는 찻잔을 서로 돌려보며 가장 세련되고 고급스런 모임을 즐긴다고 여겼다. 이때 차모임에서 차를 고르고 따르는 다인茶人은 중국 옷을 입었다.

귀족과 무사들은 다실을 크게 하고 호사스러움으로 치장하면서 화려함과 부를 겨뤘다. 투차鬪茶가 유행했는데 차를 음미하며 어떤 차인지 감별해내는 내기의 일종이어서 투차를 할 때 중요한 세 가지는 차, 물, 찻잔이었다. 찻잔의 중요성이 점점 커지고 있었다.

상류층의 차모임에는 다두茶頭가 있어 차를 따르고 이에 대한 설명을 해주었다. 일본 차의 다성茶聖으로 불리는 센노 리큐도 다두였다.

화려함과 기교적인 다회의 분위기가 바뀐 것은 '와비(わび)'라는 문화적 유행이 본격화되면서였다. '와비'는 한적하면서도 소박하고 차분한 멋을 말한다. 값비싼 것이나 외적 화려함보다 절제되고 불완전한 것에서 내면적인 충만함, 정신적인 면을 추구하는 것을 의미한다. 와비라는 문화적 개념을 차에 들여온 것이 '와비차'다.

일본 차 문화에 있어서 '와비차'는 무라타 주코를 시작으로, 다케노 조오를 이어 센노 리큐에서 완성을 보았다. '와비차'의 문을 열었다는 무라타 주코는 인위적인 치장과 형식을 거둬낸 마음, 사람이 가진 본래의 모습을 찾고자 했다. 여기서 중요한 것은 다실은 소박하지만 찻잔은 훌륭한 명물이어야 했다. 주코는 '초가집 마당에 명마를 메어 둔다'며 이를 비유

센노 리큐 다실

했다. 소박한 다실과 극적으로 대비를 이루는 것으로 최고의 찻사발이 있어야 한다는 말이다.

　무라타 주코를 이은 다케노 조오에 이르러 '와비차'가 정착되면서 주인과 초대받은 손님, 손님과 손님이 마음으로 만나는 정신적 교감을 강조하기 시작했다. 일본 무사에게는 '기리스테고멘'이라는 특권이 있었다. 무사는 서민에게 공경을 받는 대상으로, 자신의 위엄을 손상했다고 생각하는 서민은 칼로 베어도 죄를 묻지 않았다. 때문에 무사들은 두 개의 칼을 차고 다니는 특수 신분이었다. 일본인들이 속내를 드러내지 않는다는 것도 여기에서 비롯된 것일 수 있다. 상대에게 함부로 속내를 드러냈다가 언제 베임을 당할지 모르기 때문이다. 다실에서나마 서로 진정한 마음을 교감할 수 있는 공간이기를 바랐던 것 같다.

센노 리큐는 스승 조오의 와비차 개념을 더욱 극대화시켜 다실을 다다미 1장 반까지 줄였다. 화려함을 자랑하던 시대의 다실은 6장까지도 있었는데 센노 리큐의 다실은 규모면에서 파격적이다. '와비'를 통해 한적하다 못해 쓸쓸한 것을 더 아름답다며 즐기게 됐고 센노 리큐의 주장은 뛰어난 심미안으로 인정받았다. 작고 소박한 정원을 지나 아담한 다실에서 차를 음미하는 문화는 메이지 유신을 거쳐 현재까지 남아 있다. 현대 일본에서 정갈하지만 어딘지 모르게 쓸쓸하고 고적한 것의 바탕에는 와비 문화가 흐르고 있기 때문인 것으로 보인다.

'와비차'로 선풍을 일으킨 센노 리큐의 선조는 쇼군가의 도보슈였다. 도보슈는 쇼군의 측근으로 예능을 담당하거나 쇼군이 전리품으로 가져온 미술품을 감정하고 관리, 장식하는 사람을 말한다. 센노 리큐의 뛰어난 미감은 이런 혈통에서 빚어진 것이었다. 아버지는 사카이에서 상업으로 부를 모은 거상이었고, 센노 리큐는 어릴 때부터 차를 좋아해 아침저녁으로 차에 몸을 담글 정도였다.

센노 리큐가 사랑한 조선 막사발

센노 리큐는 교토 대덕사에서 수행을 한 뒤 승려가 되어 본격적으로 차를 다뤘다. 마침 도요토미 히데요시가 어지럽던 전국戰國시대를 마감하고 통일을 성취한 때였다. 일본 왕도 좌지우지하는 최고 실력자 도요토미 히데요시의 환심을 산 센노 리큐는 자신의 시대를 펼쳤다.

센노 리큐의 초암다실은 갈대를 이은 지붕에 기둥은 대패질도 않고 자연목을 그대로 썼다. 벽은 흙이 그대로 드러나고 지푸라기까지 삐죽 튀어

나올 정도였다. 거칠고 투박한 다실에 작은 족자를 걸고 꽃병에 흰 동백꽃 한두 송이를 꽂는 게 장식의 전부였다. 꽃병도 양쪽에 돌출된 두 개의 귀 중 하나를 일부러 깨뜨려 완벽함을 무너뜨렸다. 하루는 센노 리큐가 도요토미 히데요시를 다회에 초대했는데 꽃병에는 나팔꽃 한 송이만 꽂았다고 한다.

센노 리큐는 "다도茶道는 불도를 수행하는 것과 같다"고 했는데 이는 무사들의 살상과 오만함을 없애려는 의도도 깔려있었다. 당시 다도가 유행한 것은 전국시대를 거치며 살상과 하극상이 극에 달해 피폐해진 사람들의 마음을 안정시켜 주었기 때문이다. 전란에 지친 무사들은 선禪의 경지를 지향하는 '와비차'로 마음을 수련하고 심신을 정화하고자 했다.

와비차의 대가인 센노 리큐의 눈을 사로잡은 것이 조선 막사발, 이도 (井戸)다완이었다. 오사카에서 이도다완을 손에 넣은 센노 리큐는 즉시 도요토미 히데요시에게 올렸다. 와비차에 가장 잘 어울리는 '최고의 대명물'이라며 주군을 기쁘게 한 것이다. 일본에서 '명물'은 보통의 차 도구와 구별해서 그 가치가 매우 높은 유명한 기물을 가리키는 말이다. 일본은 당시 중국을 '당唐'이라 주로 불렀고, 조선은 '고려'라고 불렀다. 일본인들은 조선의 찻잔을 '이도다완' 또는 '고려다완'이라 불렀다.

도요토미 히데요시도 센노 리큐의 영향을 받아 조선 막사발, 이도다완에 열광하기 시작했다. 임진왜란 당시 조선을 침략한 대표적인 왜장 가토 기요마사를 비롯해 시마즈 요시히로, 호소카와 타다오키, 모리 테루모토 등이 모두 센노 리큐로부터 와비차를 배운 영주들이었다. 이들 역시 도요토미 히데요시 못지않게 이도다완을 얻기 위해 혈안이 되었다.

도요토미 히데요시는 오사카성에 황금 칠을 한 다실을 만들어 대규모

···
도요토미 히데요시의 황금 다실

다회를 열어 충성심을 시험하기도 했다. 도요토미 히데요시는 각지의 영주들을 불러 충성심을 떠보기 위한 다회를 연 것이다. 다완에 말차를 진하게 탄 뒤 자신이 먼저 한 모금 마신 뒤 돌아가며 같은 잔에 차를 마시는 의식을 진행했다. 자신이 먼저 한 모금 마셔 독을 타지 않았다고 증명하는 운명공동체를 확인하는 의식이었다. 센노 리큐는 소박한 와비차를 그토록 강조했지만 도요토미 히데요시는 기본적으로 화려함을 좋아하고 자신의 부를 뽐내고 싶어하는 자였다. 이 때문에 센노 리큐가 질박한 다완에 차를 대접했지만 황금 찻잔을 좋아하는 도요토미 히데요시가 속으로는 달갑게 여기지 않았다고 한다.

결국 센노 리큐는 도요토미 히데요시의 눈 밖에 나서 비극적인 종말을 맞았다. 일설에는 여성 편력이 심한 도요토미 히데요시가 혼자 된 센노 리큐의 딸을 보고 마음에 품었다는 것이다. 홀로 벗꽃을 구경하고 있던 센노 리큐의 딸에 반한 도요토미 히데요시가 딸을 달라고 했지만 완곡히 거절당했다. 그 바람에 센노 리큐는 불같은 미움을 받았다고 한다. 또 다른 이야기는 센노 리큐가 주군의 권위를 능멸하는 무엄함을 보여 도요토미 히데요시가 대노했다는 설이다. 센노 리큐가 조선 출병을 반대해 죽음을 맞이했다고도 한다.

센노 리큐는 비극적 죽음을 맞았지만 이도다완의 명성은 날로 커져갔다. 이에 얽힌 일화도 많다. 성주 쓰쓰이 준케는 도요토미 히데요시의 참전 요구를 거절했다가 몰살되려는 위기를 맞았다. 무자비한 도요토미 히데요시는 일본 전국을 통일하는 과정에서 자신의 명을 거역하는 성주는 그 성주뿐 아니라 주민을 살려두지 않았다. 전전긍긍하던 성주 쓰쓰이 준케는 히데요시에게 자신이 목숨처럼 애지중지하던 귀한 이도다완을 바쳐 겨우 목숨을 건졌다. 이도다완을 받아든 히데요시는 기뻐하며 상을 내렸다고 한다. 이 때문에 귀한 이도다완은 성城 하나와도 바꾸지 않는다는 말이 나왔다.

일본의 국보가 된 조선 막사발

조선 막사발인 이도다완은 현재 한국에 100여 점, 일본에 200~300점 정도가 남아 있는 것으로 알려졌다. 막사발은 도요토미 히데요시 당시 폭발적인 인기를 끌었지만 이전부터 소량으로 일본에 전해졌다. 조선이 무역을 강하게 원했던 일본을 불쌍히 여겨 15세기에 부산포와 제포에 왜관을 설치했는데 이곳을 통해 막사발을 수출했다. 제포는 지금의 진해, 웅천 지역이다. 16세기 들어 조선 조정은 부산 왜관만 남기고 제포의 왜관

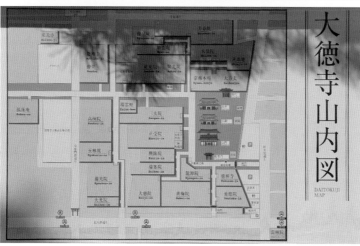

···
센노 리큐가 머물렀던 일본 교토의 대덕사

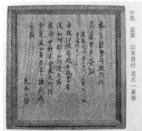

기자에몬 이도를 담았던 3개의 상자(안–중–바깥 상자)

은 없앴다. 극히 한정된 수량의 막사발을 수입한 왜인들 사이에서 막사발은 귀하디 귀한 물건이 아닐 수 없었다.

그중 '기자에몬(喜左衛門) 이도다완'은 일본의 국보 26호가 되었다. 일본인은 기자에몬 이도를 두고 "후지산과 비교해도 손색이 없다", "기자에몬을 보고 있으면 세계가 보인다", "일본 왕도 그 앞에서는 절을 올린다"며 극찬을 아끼지 않는다.

기자에몬 이도는 오사카에 살던 기자에몬의 소유였는데 다케다라는 상인을 거쳐 혼다라는 사람에게 전해졌다. 기자에몬은 나중에 집안이 몰락해 굶어 죽었는데, 아사했을 당시 그의 품에서 기자에몬 다완이 나왔다고 한다. 기자에몬 다완을 팔았으면 호화롭게 잘 살 수 있었는데 목숨과도 바꾸지 않고 끝까지 지켰다는 일화는 유명하다. 혼다는 일본 에도시대의 대표적인 다인이자 다도구 수집가였던 마츠다이라 후마이에게 기자에몬 이도를 넘겼다. 이때 마츠다이라 후마이는 금 550냥이라는 거액을 지불하고 기자에몬 이도를 손에 넣었다. 마츠다이라 후마이는 이후 심각한 어려움을 겪게 되는데 끝내 기자에몬 이도를 팔지 않고 아들에게 물려줬다. 아들 역시 어려움을 겪게 되자 기자에몬 이도를 교토 대덕사의 고봉암에 기증했다. 교토 대덕사는 센노 리큐가 수행한 절이다.

기자에몬 이도가 전시에 나올 때 평가 받은 보험가는 100억 엔^(약 1000억 원)인 것으로 알려졌다. 몇 년 전 기자에몬 이도를 어렵게 직접 본 모 사기장은 기자에몬 이도다완이 옻칠을 한 7개의 오동나무에 겹겹이 싸여 있었다고 말했다. 일본인들은 중요한 유물을 오동나무에 보관하는데, 기자에몬 이도는 무려 7개 상자 속에 보관되어 있었다고 한다.

이름 붙이기 좋아하는 일본인은 이도다완의 조건이 있다고 말한다. 일본식 표현으로 '이도다완의 7가지 약속'이라고 한다. 은은한 비파 색이 나야 하며, 대나무 마디 같은 굵고 높은 굽, 5~6각형의 빙렬이 있어야 한다. 외벽에는 자연스러우면서도 또렷한 물레 자국이 보여야 하고 굽 바닥에는 매화나무 껍질 같은 유약 방울이 뭉쳐있어야 한다. 카이라기라고 부르는 것으로 굽 부분에 유약이 흘러내려 뭉쳐진 작은 물방울 같은 것이다. 바닥이 깊어야 하고 입 지름은 15cm 안팎이어야 한다.

일본인들은 자신들이 이토록 좋아하는 이도다완이기에 한국의 어느 지역에서 막사발이 나왔는지 샅샅이 뒤졌다. 진주와 진해 사천 하동 웅천 남해 산청 창원 등지가 물망에 올랐지만 딱 어느 곳이라고 지정하지 못하고 있다. 나중에 이름이 막사발이라고 붙었지만 사실은 경남지역 민가에서 실제 사용하던 사발이다.

이도다완을 정략적으로 사용한 사람은 도요토미 히데요시의 주군이

아리타의 이삼평 신사와 도자기로 만든 현판

었던 오다 노부나가였다. 자신의 말을 듣지 않던 시바타 가츠이에를 달래기 위해 '시바타(柴田)'라는 이름을 새긴 이도다완을 선물하면서 마음을 움직였다. 이로 인해 오다 노부나가는 창칼을 휘두르지 않고도 시바타의 복종을 얻어냈다. 다른 이야기로는 오다 노부나가가 거의 전국 통일을 이룰수 있게 공이 컸던 시바타 가츠이에에게 상으로 이도다완을 줬다는 것이다. 이전에는 공이 큰 신하에게 상으로 토지나 성을 하사했는데 이 무렵부터 이도다완을 주는 것이 그와 맞먹는 상이 됐다는 이야기다. 오다 노부나가가 하사한 이도다완은 푸른빛이 난다고 해서 아오이도(靑井戶)라고 한다.

히데요시도 자신의 주군이었던 오다 노부나가처럼 이도다완을 정략적으로 이용했다. 자신이 아끼는 성주에게 이도다완을 하사했는데, 다른 성주의 공격을 받을 경우 히데요시가 하사한 이도다완을 보여주면 공격을 중단했다고 한다. 하사한 이도다완을 보여주었는데도 계속 공격할 경우 도요토미 히데요시에 대한 공격으로 간주하기 때문이다.

히데요시가 이도다완에 열광하자 다른 성주들도 다투어 이도다완에 매달렸다. 일본 무사와 귀족들도 이도다완을 원했지만 당시 일본에는 자기를 만들 수 있는 기술자가 없었다.

막사발을 차지하기 위한 전쟁

전쟁을 일으켜서라도 조선에서 사기장(도공)을 강제로 끌고 오겠다고 결심한 것이다.

도요토미 히데요시는 조선으로 출병하는 왜장들에게 조선의 사기장을 납치해 데려올 것을 지시했다. 임진왜란 초기 히데요시가 규슈에서 전쟁을 지휘하고 있을 때 첫 승전보와 함께 조선에서 가져온 전리품 중 하나가 다완이었다. 히데요시는 다두이자 센노 리큐의 제자였던 후루타 오리베 등 자신의 측근들에게 다완을 나눠주었다.

정유재란이 끝날 무렵인 1598년 김해에 주둔했던 사가(佐賀) 번주 나베시마 나오시게의 부대가 사기장을 대거 끌고 갔다. 조선에서 끌려온 사기장 중 한 명이 이삼평으로, 사가의 아리타(有田) 도자기를 꽃피운 장본인이다. 이삼평은 처음에 규슈 가라쓰에서 제대로 된 백토를 구하지 못했다가 아리타에서 드디어 백자광을 발견했다. 이삼평의 손에 일본 최초의 백자가 탄생한 것이다. 아리타에는 백자를 구워내는 가마가 세워졌고 일본 도자기의 성지가 됐다. 아리타에서 만들어진 도자기는 이마리항에서 실려 외부로 팔려나갔다. 아리타는 30년 내에 도자기의 메카랄 수 있는 도자항(陶瓷鄉)이 되었고 이삼평은 일본 도자기의 '도조(陶祖)'가 되었다.

일본 아리타에 이삼평의 자취를 찾으러 갔을 때 마을은 곳곳이 도향의 분위기를 자아냈다.

이삼평을 기리기 위한 신사에 도착했을 때 해가 기울기 시작했다. 평소에는 한국 관광객이 많다고 하는데 한일 관계가 경색됐을 때여서인지 한국인을 보기 힘들었다.

도조(陶祖) 이삼평. 끌려온 이국 땅에서 갖은 어려움을 딛고 자기를 탄생시킨 조선인. 이삼평신사는 조선의 감각과 일본 신사 고유의 색깔이 묘하게 섞여 있었다. 늦은 시각이어서일까. 쓸쓸하기도 하고 씁쓸하기도 했다.

사쓰마 번주 시마즈 요시히로도 남원성에서 납치한 심당길과 진해 웅천 김해 등지에서 붙잡은 사기장 80여 명을 끌고 일본으로 도주했다. 도

아리타 도자기전시관과 아리타 도자기

요토미 히데요시는 시마즈 요시히로에게 직접 차를 따라주며 조선의 사기장을 납치하라고 지시했던 것이다. 시마즈 요시히로가 남원에 쳐들어간 이유가 그곳의 사기장을 잡아가기 위해서였다.

에도 막부 후기가 되자 아리타와 이마리 도자기는 국제적인 명성을 얻었고 나가사키 항구를 통해 유럽으로 수출됐다. 서구의 개항 요구를 받은 일본은 나가사키를 전용항구로 열었는데 이곳을 통해 서구 문물이 수입되고 도자기도 수출했다. 푸치니의 오페라 '나비부인'의 무대가 된 곳도 나가사키 항구이다.

아리타 도자기는 네덜란드 동인도 회사를 통해 수출됐는데 1664년에만 4만5000여 점을 수출했다. 1682년까지 22년간 동인도 회사에 무려 61만 점을 수출한 것으로 나타났다.

다케하라 미치이오리는 일본에서 백자와 청자의 스승으로 유명한데, 그는 원래 웅천 출신의 조선인 사기장으로 알려졌다. 임진왜란 때 일본으로 끌려간 사기장으로, 후에 일본 이름을 얻었다.

조슈 번의 번주 모리 데루모토는 임진왜란 당시 진주성 근처의 유명한 가마에서 이작광 이경 형제를 납치해왔다. 다른 기록에 따르면 이작광은 평양에서 열린 명나라와 일본의 강화협상장에 나타났다고 한다. 명나라를 대표한 심유경이 평양에서 왜장 고니시 유키나가와 강화협상을 하면서 이작광을 내세웠다는 것이다. 심유경이 "히데요시 공이 조선의 도자기를 사랑한다지요. 이 사람은 조선 최고의 기술을 가진 사기장 중 한 사람입니다. 사기장 이작광을 화해의 표시로 히데요시 공에게 보냅니다"라고 했다는 것이다. 아무튼 이작광은 일본으로 잡혀가 조슈 번 '하기야키' 도자기의 시조가 되었다.

조선에서 사기장을 납치해온 번주들은 백자 빚는 일을 일급비밀로 했다. 사기장은 자신의 비법을 장남에게만 전수하도록 했고 곳곳에 감시호를 세워 삼엄한 경계를 폈다. 각 번에게 백자 빚는 기술은 현대의 반도체

...
일본 근대의 나가사키 항구

기술 이상으로 최고의 부를 축적할 수 있는 산업 기밀이었다.

　조선 웅천 지역에서 끌려온 사기장 거관의 손자 이마무라 야지베는 도쿠가와 막부의 어용가마를 운용했다. 조선으로 치면 왕실 가마인 관요였던 것이다. 조선 사기장들이 일본 주요 번에서 백자를 성공시키며 일대 바람을 일으켰다.

　일본의 도자기가 해외로 날개 돋친 듯 팔린 데에는 엄청난 운도 따랐다. 원래 유럽에서는 중국 도자기가 으뜸이었는데 명청 교체기여서 1656년부터 1661년까지 해외 무역이 금지됐다. 도자기 수입이 막히자 네덜란드 동인도회사는 다급히 대안을 찾다 일본 아리타 도자기를 발견했다. 사가 번은 외국에서 무기를 구입한 금액이 연간 15만 석이었는데 대부분 아리타 도자기의 수출한 돈에서 충당한 것으로 알려졌다.

　이때 축적한 부를 바탕으로 결국 서구식 군대를 양성하고 무기를 개발해 외국 침략의 발판으로 삼았다. 영국의 글로버 상회를 통해 첨단 무기를 들여오고 군함까지 사들인 자금이 도자기 수출로 벌어들인 자금이라는 것이다.

사쓰마에서 제작된 도자기 '사쓰마야키'는 유럽뿐 아니라 미국에도 수출해 열광적인 인기를 얻었다. 사쓰마 번주 시마즈 히사미쓰는 대규모 백자 가마를 차리고 조선 자기장의 10대 후손인 심수관을 주임으로 임명했다. 여기서 커피잔과 양식기를 대량 생산해 나가사키항을 통해 수출했다. 시마즈 히사미쓰는 임진왜란 때 조선의 사기장을 대거 납치해간 왜장 시마즈 요시히로의 11대 손이다.

사쓰마 번은 1867년 파리에서 열린 만국박람회에 사쓰마야키를 출품해 대단한 명성을 얻었고 유럽의 폭발적인 주문을 받았다. 일본은 만국박람회에서 늘씬한 미녀들이 도자기 찻잔에 차를 대접하는 부스를 차려 선풍적인 인기를 끌었다. 일본 도자기는 명품 중의 명품으로 올라섰고, 그 명성에 힘입어 유럽에 일본 문화 붐을 일으켰다.

유럽에서 도자기가 시작된 것도 아리타 도자기의 가키에몬 양식(흰 바탕에 적색을 기본으로 회화적 문양을 넣는 것)에 매료된 독일 드레스덴 선제후 아우구스트 1세가 자기를 만들도록 명하면서였다.

조슈, 사쓰마, 사가 번은 일본 열도의 서쪽에 위치해 일찍부터 한반도에서 문화를 들여오는 등 선진 문명에 개방적이었다. 조선 사기장의 힘으로 도자기 산업을 일으키고 수출로 서양식 문물을 더욱 적극적으로 받아들이면서 메이지 유신의 주축이 될 수 있었다.

메이지 유신이 일어나기 60년 전 사가 번은 영국의 치졸한 수법에 걸려들어 곤욕을 치렀다. 영국 군함 페이톤호가 네덜란드 국기를 달고 위장해 나가사키항에 불법으로 침입했던 것이다. 페이톤호는 38개 대포를 장착한 뒤 무력 도발이라도 일으킬 생각으로 나가사키항에 들어온 것이었다. 페이톤호는 음식과 물, 연료를 제공하지 않으면 공격하겠다고 위협했고 나가사키 경호를 맡고 있던 사가 번이 이에 맞서다 참혹하게 깨졌다. 사가 번주에 오른 나베시마 나오마사는 근대화를 해야겠다는 정신이 들었고 특히 신식 무기에 눈을 돌렸다. 1840년 중국이 아편전쟁에서 영국에 처참하게 무너진 사건은 동아시아 국가에 경악할 만한 사건이었다. 엄청난 충격을 받은 일본 막부와 번주들은 머리를 싸맬 수밖에 없었고 서구 문물 수용으로 갈 수밖에 없었다.

나베시마 나오마사 번주는 1844년 나가사키항에 정박 중이던 네덜란드 군함에 직접 타보는 대범함을 보였다. 네덜란드 국왕이 일본의 개국을 압박하기 위해 보낸 위험한 군함이었다. 서양 세력에 대한 위기감이 고조되고 있는 가운데 상당히 위험한 행동이었다. 자칫하면 서양 오랑캐에게 번주가 인질로 끌려갈 수도 있는 상황이었다. 나오마사는 대포 등 첨단 무력을 갖춘 네덜란드의 선박을 타보고 머리를 얻어맞은듯한 충격을 받았다. 멀리서 군함을 보는 것과 직접 타보고 구석구석 연구하듯 돌아보는 것에는 커다란 차이가 있을 수밖에 없다.

사가 번의 나베시마 나오마사는 서구 문물을 따라잡기 위해 절치부심했다. 1850년 철을 정제하는 방법을 연구하다 반사로反射爐 개발에 성공했다. 엄청난 고온을 견디는 내화벽이 가장 큰 난제였는데 도자기 굽는 기술이 이를 뒷받침했던 것이다. 백자를 굽기 위해 고온을 견딜 수 있는 가마를 만들 수 있었던 조선 사기장들의 기술이 있었기에 가능했다. 반사로는 연료를 태워 발생한 높은 열이 돔 천장에 반사되어 다시 온도를 높이면서 철재를 녹이는 구조였다.

사가 번은 아리타 도자기를 수출하면서 막강한 부를 축적했다. 나가사키항에 사가상회를 만들어 직접 수출했고 상하이에 있는 영국 조계에 지점까지 설치해 독점 판매에 나섰다. 사가 번의 군사력은 경이적으로 강화됐는데 막부 말기 사가 번의 군사력은 세계 최강으로 꼽히던 프러시아와 비교될 정도였다. 사가 번은 5척의 대형 선박 구입 비용으로 거의 34만 냥을 들였다. 당시 일본 270개 번 중 하나에 불가한 사가 번의 놀라운 군비 확장이었다.

서양 군대에 맞서기 위해서는 정밀도가 높고 비거리가 긴 서양식 대포가 절실했다. 종래의 대포는 포탄을 쏘고 포신의 구멍을 긴 장대 걸레로 닦아낸 뒤 포병이 구멍에 탄을 담아야 했다. 힘이 들고 발사할 때마다 포신 자체가 흔들려 조준을 정확히 하기 어려웠다. 그러나 암스트롱포는 포신 뒤에서 연속적으로 포탄을 담아 나선형의 홈을 통과시켜 발사했다. 나선형 홈을 회전하면서 발사되기 때문에 파괴력이 엄청났다. 기존에 몇 분이 걸리던 대형포의 장전 시간을 10분의 1로 단축하고 포신도 한결 가벼워 기동력도 월등했다.

사가 번은 최신예 암스트롱 포 3문을 영국에서 구입했고 급기야 같은 수준의 무기를 자체적으로 제조하기에 이르렀다. 일본에서 처음 개발에 성공한 것으로 이때부터 전보다 강력한 철제 대포를 제작하기 시작했다.

사가 번이 철제 대포 주조에 성공하자, 1856년에는 조슈 번이 반사로 개발에 성공했다. 초조해진 사쓰마 번의 시마즈 번주는 "우리 사쓰마 사람이 할 수 없는 일은 없다"며 독려했고 1857년 마침내 사쓰마 번도 성공했다. 중앙 권력을 차지하고 있던 막부는 1864년에 가서야 반사로를 설치하게 된다.

호기심 많고 저돌적인 나오마사 번주는 네덜란드 선박에 다시 탑승해

°°°
료호마루

자세히 시찰한 뒤 자신에게 배를 팔지 않겠느냐는 도발적인 제안을 했다. 사가 번은 거액의 돈을 들여 5척의 선박을 구입했는데 무기상인 글로버 상회가 중개상이 되었다. 사가 번이 구입한 함선이 속속 집결하면서 미에 쓰는 근대 일본 해군의 메카가 되었다. 1857년 나가사키에 조선소가 건설되었고 이는 나중에 미쓰비시중공업 조선소가 된다. 1865년 일본이 만든 최초의 증기선 료호마루가 이곳에서 건조되었다.

근대화 작업에 나선 번들은 막부 체제로는 서구 열강을 당해낼 수 없다고 판단, 막부 타도에 나섰다. 막부와 번과의 싸움은 치열했다. 도쿠가와 막부가 마지막 거점으로 삼은 아이즈 와카마츠성을 함락시키는 데는 사가 번의 암스트롱 포가 위력을 발휘했다. 막부군의 마지막 보루였던 해군 함대를 괴멸시키고 막부 토벌을 끝낸 것도 사가 번의 해군이었다. 사가 번은 미국 페리함대의 출몰 3년 전에 이미 암스트롱 포를 자력으로 만들고 있었다.

임진왜란의 악연이 이어지다

임진왜란 때 조선을 괴롭혔던 사쓰마, 조슈, 사가 번과의 악연은 이어진다.

조슈 번의 번주 모리 다카치카는 자신보다 11살이나 어린 하급 무사의 아들 요시다 쇼인에게 배웠다. 요시다 쇼인은 미국 페리호에 의한 미일통상수호조약 과정을 보면서 서양 문물을 적극 수용하자는 쪽으로 방향을 바꿨다. 요시다 쇼인은 조선을 정벌하자는 정한론과 대동아공영론을 들고나와 일본 제국주의에 지대한 영향을 미쳤다.

요시다 쇼인은 무력을 키워 캄차카반도와 오호츠크해를 빼앗고, 류큐 (오키나와)와 조선을 정벌해 북으로는 만주를 점령해야 한다고 주장했다. 남으로는 대만과 필리핀 루손 일대 섬들을 노획해야 한다고 주장했다.

요시다 쇼인은 1855년 사교육기관인 쇼카손주쿠를 열면서 훗날 메이지 유신의 주역들을 길러냈다. 이토 히로부미, 다카스기 신사쿠, 구사카 겐즈이 등으로 쇼카손주쿠가 정한론의 중심지가 된 것이다.

요시다 쇼인은 '함선과 대포가 갖춰지면 조선을 침략해 인질과 조공을 바치게 해 옛날과 같은 성대한 시절을 열어야 한다'고 했다. 쇼인은 취하기 쉬운 조선과 만주, 인도차이나를 침략해 러시아와 미국과의 교역에서 잃은 것을 보상받아야 한다는 궤변을 주장했다. 이런 논리를 오쿠보 도시미치 등이 따랐다.

최근 물러난 일본의 아베 전 일본 총리는 도쿄 신주쿠에서 태어났지만 본적은 야마구치현의 나가토시다. 옛 조슈 번 소속이다. 아베 전 총리의 선거구도 시모노세키와 나가토이다. 아베 전 총리는 입각하자 정한론을 주장했던 요시다 쇼인의 묘소를 버젓이 참배했다. 야마구치현이 배출

한 총리로는 이토 히로부미와 태평양전쟁의 전
범이자 아베 전 총리의 외조부인 기시 노부스케
가 있다.

한때 사쓰마 번과 조슈 번은 서로 강력한 적
대 관계였다. 그러나 사카모토 료마가 다량의
무기가 급했던 조슈 번의 무기를 사쓰마 번의
이름으로 구입하게 중재해주면서 유명한 '삿초
동맹'을 맺었다. 사쓰마 번의 이름으로 무기를 사들여 조슈 번에 밀매하
고, 조슈 번에서는 사쓰마가 원하는 군량미를 제공하는 방식이었다. 막부
가 조슈 번이 무기를 사들이지 못하게 엄하게 막고 있었기 때문이다.

이 과정에서 깊이 관여한 이가 스코틀랜드 출신의 글로버이다. 사카모
토 료마가 사쓰마 번의 지원을 받아 세운 상사 가메야마사추를 통해 조
슈 번의 무기 밀거래를 맡았는데 글로버가 이를 도왔다. 사쓰마가 상하
이로 선박을 보내면 글로버가 현지에서 조달한 총과 무기를 실어 보냈던
것이다.

글로버는 원래 영국 로스차일드 가문의 무역회사 매디슨 상회의 사원
이었다. 자딘 매디슨은 스코틀랜드 출신의 윌리엄 자딘과 제임스 매디슨
이 중국 광저우에 세운 무역 상사였다. 자딘 매디슨은 인도에서 아편을
가져다 중국으로 팔아넘겼고, 중국에서 사들인 차와 비단을 유럽으로 판
매했다. 아편 무역의 대표격이었던 자딘 매디슨은 아편전쟁에도 깊숙이
개입해 영국 의회가 아편전쟁을 일으키는 데 역할을 했다.

글로버는 1863년 조슈 번의 이토 히로부미 등 '조슈 5걸'이 영국으로

이토 히로부미를 저격한 안중근 의사   이토 히로부미

유학하는걸 도왔고 이를 계기로 이토 히로부미와의 관계도 각별했다. 글로버는 2년 뒤 1865년에는 사쓰마 번사 출신 15명을 영국으로 유학 보내는 데도 개입했다.

영국은 처음엔 일본 막부를 지지했지만 오히려 사쓰마의 군사력이 높은 것을 보자 사쓰마 쪽으로 기울었다. 사쓰마의 시마즈 히사미쓰 번주는 무력으로 막부를 무너뜨리겠다고 결심했기 때문에 글로버에 대한 의존이 강해졌다. 다른 번들도 글로버를 통해 무기와 탄약, 함선을 사들이고자 안달이 났다.

조선의 개항을 강요한 '운요호 사건'의 그 유명한 운요호는 1870년 조슈 번이 글로버에게 사들인 선박이었다. 조슈 번이 사용하다 1871년 메이지 정부에 헌납한 300톤급 감시선이었다.

글로버는 영국의 로스차일드 가문을 위해 일했는데 프랑스의 로스차일드 가문은 에도 막부를 돕고 있었다.

사쓰마 번 등 메이지 유신을 일으킨 주요 번에 무기를 팔아대던 글로버의 끝도 멀지 않았다.
글로버에게 막대한 빚을
지면서 외상으로라도 무
기를 사들였던 각 번주들
이 메이지 유신으로 몰락
했기 때문이다. 메이지 유
신은 성공했지만 유신 주
역들이 사쓰마 번 등 각

• • •
조선을 강제 개항시킨 일본의 운요호

번주들의 토지를 모두 거둬 일왕에게 바치게 했다. 일왕 중심의 중앙 집
권화를 꾀하면서 지금까지 자기 영토에서 왕 노릇을 하던 번주들의 지위
와 재산을 인정하지 않은 것이다. 상황이 이렇게 되자 번주들도 글로버
에게 갚아야 할 빚을 나몰라라 했다. 메이지 유신으로 들어선 중앙정부도
글로버의 무기 거래를 인정하지 않았다. 글로버는 무기를 팔았던 막대한
대금을 받아낼 길이 막혔다. 이전까지 사쓰마의 부채는 500만 냥으로, 이
자만 매년 60만 냥이 나갔다. 글로버는 1870년 파산을 맞았다. 일왕을 앞
세우며 메이지 정부를 세운 각 번주들은 결국 자리를 내놓았다. 대신 메
이지 정부는 이들에게 토지 대금과 작위를 하사했다.

　사쓰마 번의 사이고 다카모리는 관료 중심의 중앙집권체제가 세워지
자 무사계층이 점차 소외되는 것에 불만을 품었다. 무사들의 대표자격이
던 사이고 다카모리는 무사들의 불만을 해소하기 위해 정한론을 꺼내들
었다. 그는 무사들이 중심인 정권을 원했는데 오히려 무사들에게 불리한
상황이 빚어지자 조선 침략으로 출구를 찾았던 것이다. 사이고 다카모리
와 같이 사쓰마 번 출신인 오쿠보 도시미치는 메이지 유신을 성공시킨

뒤 정부 요직에서 활약했다. 사이고 다카모리가 정한론을 주장했지만 오쿠보 도시미치는 우선 경제를 일으키고 개혁을 단행해야 한다며 제동을 걸었다. 오쿠보 도시미치에게 밀린 사이고 다카모리는 사쓰마로 돌아가 무사들과 난을 일으켰지만 실패했다.

사이고 다카모리의 난은 평정됐지만 조선을 침략하고자 하는 일본의 야욕은 사라지지 않았다.

오쿠보 도시미치는 베이징에 가 영국의 베이징 주재 공사로부터 일본이 대만을 넘보지 않고 조선으로 진출하면 영국이 이를 지원하겠다는 확약을 받았다. 영국으로부터 밀약을 받은 일본은 곧바로 1876년 무력을 앞세워 강화도조약(한일수호조약)에 나서게 된다. 우리가 알고 있는 운요호 사건이다. 대한제국 침략의 서막이었다.*

* 이상 조용준, 『메이지 유신이 조선에 묻다』, 도도, 2018 인용 참조

몽유도원도

견본염채몽유도원도(絹本淡彩夢遊桃源図) 대한민국 중요문화재 제1152호
1447년, 비단에 담채 38.7×106.5cm 일본 덴리대학 중앙도서관

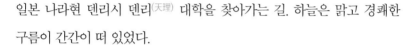

일본 나라현 덴리시 덴리(天理) 대학을 찾아가는 길. 하늘은 맑고 경쾌한 구름이 간간이 떠 있었다.

덴리시에는 덴리교 본부가 있고 주로 신도들이 많이 살고 있었다. 호젓한 길에는 사람이 많지 않았는데 어느 집 대문 앞에 작은 양동이가 놓여있었다. 빳빳한 종이 위에 일본어로 100엔이라 써 있고, 비닐에 귤 서너 개가 들어 있었다. 돈을 놓고 가져가란 뜻 같았다. 목이 마르던 나는 100엔을 내려놓고 비닐 하나를 집어 들었다. 초록기가 더 많은 귤이었고, 기대보다 달지 않았지만 목마름은 달랠 수 있었다.

덴리교 본부 건물은 공사 중이었는데 건물 자체의 규모가 대단했다. 궁궐의 본전을 떠올리게 할 정도의 커다란 면적의 지붕을 기와로 덮고 있었다. 자전거를 탄 주부와 학생들이 본부 앞을 지날 때면 자전거에서 내렸다. 본부를 향해 예를 올리고 다시 조용히 자전거를 몰고 갔다.

덴리 대학의 박물관을 찾은 것은 이 곳이 소장한 유물 중 한국 것이 많고 특히 고대 한일관계를 볼 수 있는 유물이 많았기 때문이었다. 더욱이 덴리 대학이 소장하고 있는 조선을 대표하는 화가 중의 한 명인 안견의 〈몽유도원도〉를 혹시라도 볼 수 있을까 하는 기대감 때문이었다.

〈몽유도원도夢遊桃園圖〉는 세종의 셋째 아들인 안평대군이 당대 최고 화원인 안견에게 그리라고 해 태어난 걸작이다.

안평대군은 1418년 세종과 소헌왕후 사이에서 여덟 명의 왕자 중 셋째로 태어났다. 훗날 라이벌이 되는 수양대군은 세종의 둘째 아들로, 안평대군의 바로 위 형이다. 안평대군은 13세에 성균관에 들어가 당대 석학들에게 글을 배웠다. 학문을 좋아하는 아버지 세종의 영향 아래서 한 살 터울밖에 나지 않은 수양대군과 이때부터 경쟁 관계에 있었던 것으로 보인다. 성균관에서 안평대군은 최항, 박팽년, 성삼문, 신숙주, 이현로와 친분을 쌓았다.

세종은 안평대군이 24세, 수양대군이 25세가 되었을 때 집현전 박사이자 천재 수학자·천문학자인 김담에게 집중적으로 배우도록 했다. 안평대군과 수양대군은 다양한 분야에서 높은 학문의 경지를 이룬 아버지인 세종에게서 직접 특별한 교육을 받았다.

수양대군과 함께 안평대군은 훈민정음 창제와 왕실 불사 업무 등 세종의 일을 적극적으로 보필했다. 특히 자신의 뛰어난 안목을 바탕으로 중앙의 가장 뛰어난 핵심 인재들을 이끌고 문학과 예술을 꽃피우게 했다. 세종 대에 화려하게 피어난 문화 부흥기를 이룬 한 축이었다. 20세에는 수양대군과 함께 여진족을 정벌하기 위해 전장에 나서는 등 문무를 겸비했다.

안평대군은 학문을 좋아할 뿐 아니라 서화에 탐닉해 뛰어난 글과 그림을 사 모았다. 17세부터 조선과 중국의 뛰어난 서화를 사들이는 소장가였다. 여기에는 종친 중에서도 막대한 부를 물려받은 대단한 재력이 뒷받침하고 있다. 안평대군은 세종의 아들이지만 조부인 태종이 총애하던 성녕대군의 양자였다. 태종이 지극히 총애하던 성녕대군이 자식 없이 세상을 떠나자 양녕대군을 양자로 보낸 것이다. 안평대군은 토지 300결을 받았는데 이는 요즘으로 환산하면 약 60만 평에 해당한다. 안평대군은 매년 2만 여 섬을 생산해낼 수 있어 요즘으로 치자면 대략 연간 30억 원의 소득이 있는 것이었다. 태종이 하사한 성녕대군의 유산까지 더해져 손꼽히는 재력가가 되었다.

1447년 4월 20일 밤.

안평대군은 꿈에서 박팽년과 기암괴석으로 둘러싸인 깊은 산속을 거닐다 한 사람을 만났다. 그자가 알려준 길을 따라 험한 바위산을 지나 복숭아꽃이 화려한 무릉도원으로 들어갔다. 복숭아꽃에 취한 안평대군은 아름답고 몽환적인 무릉도원을 만끽하다 뒤따라온 신숙주, 최항과 어울리다 잠에서 깨어났다.

무릉도원은 중국 진나라 때 도연명이 쓴 〈도화원기〉로 거슬러 올라간다. 무릉에 사는 한 어부가 강물에 복숭아꽃이 떠내려오는 것을 보고 올라가 보니 큰 동굴 안 너머로 복숭아꽃이 만발한 마을을 발견했다. 근심이나 불안이 전혀 없고 복숭아꽃 향이 진동하고 사람들의 욕심이 없는 천국이었다. 이때부터 무릉도원은 사람들이 가고 싶어 하는 이상향으로 문인과 화가들의 소재가 되었다.

안평대군은 잠에서 깨어나서도 한동안 꿈속에 있는듯했다. 꿈에서 본 신이한 아름다움을 잊지못해 측근이자 당대 최고의 화원인 안견을 불러 화폭에 옮기라 했다.

예술가적 기질이 많은 안평대군은 시와 음악을 즐겼고 주변에는 문인과 악인樂人 같은 예술가를 두었다. 특히 안견의 특출난 재능을 아끼고 사랑해 늘 곁에 두었다.

안견은 안평대군의 꿈을 몽환적이면서도 아스라하게, 강하면서도 유려하게 그 신묘한 필치로 그려냈다.

박팽년 초상 상상화

안평대군은 안견의 그림을 보고 크게 만족했다. 당대에 손꼽히는 명필 중 명필이었던 안평대군은 3년 뒤 자신이 직접 〈몽유도원도夢遊桃源圖〉라는 제목을 써넣었다. 그리고 다음과 같은 시를 적었다.

이 세상 어느 곳을 도원으로 꿈꾸었나

은자들의 옷차림새 아직 눈에 선한데

그림으로 그려 놓고 보니 참으로 좋구나

천년을 이대로 전하여 봐도 좋지 않을까

삼 년 뒤 정월 초하룻날 밤

치지정致知亭에서 다시 이를 펼쳐보고 짓노라

안평대군은 인왕산 자락의 무계정사에서 〈몽유도원도〉를 펼쳐놓고 시회詩會를 열었다. 안견이 그린 걸작에 시 한 수씩 짓게 한 것이다.

명사들의 최고 걸작품

집현전의 대표주자랄 수 있는 박팽년(31세), 서거정(28세), 성삼문(30세), 신숙주(31세), 김수온(38세), 최항(39세) 등 안평대군처럼 패기에 넘치는 전성기를 누리고 있던 명사들이었다. 북방 6진을 개척한 김종서, 조선의 예악을 집대성한 박연, 고려 시대 이색의 문우였던 학승이자 시승詩僧이었던 만우가 그 얼굴들이었다.

쟁쟁한 집현전 학사들과 문인, 음악인, 승려 등 22명이 글을 더했다. 안평대군의 저택 비해당匪懈堂을 드나들던 문인과 예인들이었다. 당대 최고 문인과 명사들이 대형 비단 화폭에 신묘하게 펼

···
안평대군이 직접 쓴 '몽유도원도' 제목

쳐진 그림과 겨루듯 쟁쟁한 시를 곁들인 것이다.

안견의 신묘한 그림과 당대 최고 문사들의 시가 더해지고 여기에 안평대군의 글이 곁들여져 천하일품의 최고 걸작이 탄생했다.

안평대군의 글씨는 활달하면서도 자신감으로 가득했다. 한편으로는 깊은 계곡의 바위처럼 강건하면서도 균형과 우아함을 잃지 않았다. 세종의 내로라하는 집현전 학사들도 안평대군의 필체를 따라 할 정도였고, 일반 유생들도 이를 흠모하였다.

박팽년은 안평대군의 글씨에 대해 "용이 천문으로 튀어 오르고 호랑이가 누각에 누워있는 듯 하다"고 평했다. 조선 시대 허목은 안평대군의 글씨를 오대산 월정사에서 처음 보았는데 "신의 경지에 들었다"고 감탄했다.

1450년에는 명나라 사신 예겸과 사마순이 경제의 등극을 알리러 조선에 왔다. 이때 안평대군의 글씨를 보고 "신묘한 필법"이라 하여 탄복해 수천 장의 글씨를 얻어 돌아갔다. 안평대군은 밤을 새워 써주었다고 한다. 안평대군은 자신의 글을 탐내는 사람이 있으면 즉석에서 써서 나눠줄 정도로 성격이 호방했다.

정조는 문집 『홍재전서』에서 "안평대군의 글씨가 국조의 명필 중에서도 으뜸이라는 것에 대해서는 다시 평할 필요조차 없다"며 "고아하고 점획이 근엄하며 강건하면서도 원활하고 창건하면서도 아름답다"고 적었다.

정조도 안평대군의 글씨가 거의 남아 있지 않음을 못내 안타까워했다. 안평대군이 남긴 진품은 극히 드문데 그 중 대표적인 것이 〈몽유도원도〉

에 쓴 칠언절구시와 기문記文이었다.

세종의 뒤를 이은 문종은 즉위하자 총애하는 동생 안평대군의 글씨를 모사하여 경오자, 일명 '안평대군자'를 주조했다. 그러나 이 글자는 세조가 계유정난을 일으키면서 안평대군을 처형한 후 곧바로 녹여버렸다. 자신이 즉위한 뒤 을해자로 만들어버렸다. 을해자는 강희안의 글씨를 모사하여 주조했다.

문화예술의 후원자 안평대군

안평대군은 1442년부터 5년간 집현전 학자들과 함께 중국 당송대의 명시로 정평이 난 수천 편을 뽑은『당송팔가시선唐宋八家詩選』등을 간행하는 사업을 총괄했다. 이때 그는 주해와 시평을 직접 쓰는 등 시에 대한 깊은 안목과 식견을 갖추고 있었다.

부왕인 세종은 안평대군에게 비해당匪懈堂이라는 호를 내려주어, 그의 문사적 예술가적 경지를 인정하기에 이르렀다. 세종은 호를 내려주면서 '밝고 어질게 자신의 몸을 보전하며 밤낮으로 게으름 없이 임금님 한 사람만을 섬기네夙夜匪懈 以事一人'란 구절을 읊어주었다고 한다. 세종은 안평대군을 주나라의 충신이자 명재상이던 중산보에 비유해 이 같은 호를 내렸다.

안평대군은 28세가 되자 신숙주에게 명하여 자신의 소장품을 기록한『화기畵記』를 남기게 했다. 10여 년간 모아온 서화를 신숙주에게 보여주며 이를 기록하라고 한 것이다. 당시 안평대군은 신숙주에게 이렇게 말했다고 한다.

'아! 자연의 풀 한 포기, 꽃 한 송이, 나무 한 그루. 그것이 자연의 물건이건 사람이 만든 그림이건, 글씨건, 나는 천성이 아름다운 것을 보면 참을 수가 없다. 이것도 병이 아닌가. 끝까지 찾아내서 내 품에 품지 못하면 애석한 마음이 터질 것만 같다. 내가 이러한 서화와 골동품을 수집하고자 뜻을 둔 지 이제 10년이 지나 오늘날 이만큼 모으게 됐다.'

안평대군의 수집에 대한 강렬한 애착과 실행력을 엿보게 한다. 안평대군은 4세기 동진東晉 시대의 고개지, 송나라 소동파 곽희, 원나라 조맹부 등 중국 대가들의 작품을 소장하고 있었다.

고개지는 안평대군의 시대로부터 1000년 전 사람으로, 고개지의 작품을 손에 넣기란 중국에서도 쉽지 않았다. 조맹부도 100년 전 사람인 것으로 보아 안평대군은 수집하기 어려운 희귀한 작품들을 소장하고 있었던 셈이다. 안평대군은 자신의 소장품을 평소 아끼는 집현전 학사들과 친구들에게 보여줌으로써 그들의 예술적 취향과 안목을 높이는데 한몫했다.

...
안견의 〈소상팔경도〉

44

안평대군은 서화뿐 아니라 서책도 1만 권을 가지고 있었다고 한다. 바둑알을 옥으로 만들 정도고, 금가루로 글씨를 쓰기도 했다.

안평대군의 소장품 중 조선 작가의 작품으로는 안견이 유일했고, 안견의 작품만 30여 점을 모았다. 안견은 도화원 화원의 최고 품계인 정6품의 벽을 깨고 정4품까지 오른 인물이었다. 안견은 안평대군이 스물다섯이었을 당시 그의 초상화를 그리면서 본격적인 인연을 맺은 것으로 보인다.

신숙주는 『화기』에서 '안견이 옛 그림을 많이 보았는데 다 그 요령을 터득하고 여러 사람의 장점을 모아 모두 절충하여 통하지 않는 것이 없었다……그는 비해당과 오랫동안 교류했다'고 적었다.

예술적 취향과 재능이 풍부해 안평대군은 삼절三絕에 비유되기도 했다. 삼절은 시, 서, 화 모두에 뛰어난 문인을 말하는 대단한 찬사다. 문인으로서 학문의 경지를 나타내는 것이 시와 글이라면, 문인의 수양과 품격을 보여주는 것이 글씨였다. 글로 다 표현해내지 못하는 내면의 깊은 감성을 드러내는 것이 그림이었다. 때문에 시, 서, 화 세 분야에서 최고의 경지에 오른 문인을 가리켜 시서화 삼절이라 했다.

안평대군은 달이 휘영청 뜰 때면 좋아하는 이들을 불러 술과 시를 두고 뱃놀이를 즐겼다.

안평대군의 거처는 인왕산 아래에 자리잡은 수성궁과 북악산 뒤편의 무계정사武溪精舍, 별서였던 마포 강변의 담담정淡淡亭에 흩어져 있었는데 집현전 학사나 예인들을 불러 풍류를 즐겼다.

비해당은 서울 종로구 인왕산 기슭 수성동에 있던 안평대군의 저택 수성궁水聲宮의 별당을 말한다. 수성궁은 태조와 태종의 잠저 시절 집인데,

안평대군이 혼례를 올릴 무렵 세종으로부터 하사받았다. 수성동은 이름처럼 깊이 들어앉은 계곡의 수많은 바위 위로 쏟아져 내리는 물소리로 유명했다. 안평대군은 비해당에 수집한 1만여 권의 서책과 수백 개의 걸작을 소장했다.

비해당은 세련된 취향으로 가꾼 정원으로도 이름이 높았다. 기암괴석을 옮겨 와 인공으로 산을 올리고, 물이 흐르는 연못을 조성했다. 어디서도 보기 힘든 기묘한 꽃과 풀이 보는 이의 눈을 황홀하게 했다. 이 때문에 비해당 정원의 아름다운 풍광을 보고 문사들이 읊은 글이 『비해당사십팔영』으로 전해진다.

신숙주, 성삼문, 서거정, 김수온 등이 전하는 비해당 정원의 모습을 그려보면 다음과 같을 것으로 보인다.

수성궁 서편 후원에는 사랑채 별서인 비해당이 넓게 자리잡고 있다. 대문 앞에는 버드나무가 서 있고 안으로 들어가면 비해당과 부속 건물이 함께 하고 있다. 매화나무와 대나무로 쌓인 곳, 매죽헌이 있는데 안평대원군은 '도원기'를 이곳에서 지었다. 안평대군은 매죽헌이란 자신의 호를 성삼문과 함께 쓰기도 했다.

후원에는 커다란 괴목과 삼나무 아래서 사슴과 사향노루가 풀을 뜯었고, 밤이 되면 오래된 노송의 가지로 학이 날아왔다.

뜰에는 봄이면 살구꽃, 복숭아꽃, 배꽃이 쉴새 없이 피고, 옆에는 동백꽃, 해당화, 배롱나무, 영산홍, 부용화, 해바라기가 계절을 거르지 않고 피어났다. 섬돌 주변에는 난과 모란, 망우초, 일본 철쭉, 치자꽃, 금잔화, 옥잠화, 백일홍이 서로 겨루듯 했다.

 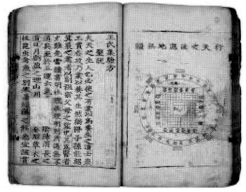

『의방유취』

　연못에는 희고 깨끗한 연꽃이 그득 피었다. 연꽃에 숨듯 금계錦鷄가 화려한 깃털을 자랑하고 헤엄치며 노닐었다. 그런가 하면 새장 안에는 비둘기가 주인의 눈길을 기다렸다.

　해가 넘어가면 인왕사에서 들리는 종소리가 저녁 안개를 울리며 들려왔다.

　한양에서 손꼽히는 풍광을 자랑하는 안평대군의 저택과 별서에서 열리는 시 모임은 집현전 학사들은 물론, 신진 학자와 문사들이 좋아하는 명소였다. 음악과 춤, 바둑 같은 잡기까지 곁들여지니 좋아하지 않을 수 없었던 것이다.

안평대군의 라이벌 수양대군

　안평대군이 집현전 학사들과 가까웠던 것은 세종이 젊고 능력 있는 집현전 학사들을 양성하면서 수양대군과 안평대군을 이들과 어울리고 통솔할 수 있는 자로 함께 키웠기 때문이다. 수양과 안평은 패기 넘치고 쟁쟁한 집현전 학사들과 나이도 비슷하여 서로 경쟁하듯 돕고 성장했다. 세종이라는 위대한 군주를 중심으로 수양과 안평이 좌청룡 우백호 같은 역할을 하고 집현전 학사들이 약진하면서 조선의 문물을 꽃피울 수 있었던 것이다. 안평은 풍부한 감성과 예술적 감각, 열정으로 세종 시대의 문화를 풍부하고 세련되게 만들었다.

안평대군 주변에 재능있는 인사들이 모이자 수양대군이 가장 긴장하며 신경을 썼다. 형인 문종이 병약하자 일찌감치 야망을 키워오던 수양대군이었다.

수양대군(훗날 세조)은 한명회를 만나 무력에 힘을 쏟은 것으로 알려졌지만 그 역시 문文에 대해 상당한 실력을 갖추고 있었다. 세종은 정인지에게 중국과 조선의 정치 사례를 정리한 『치평요람』을 짓게 하면서 그 감독책임을 수양대군에게 맡겼다. 이때부터 수양대군은 세종의 밀명을 받아 전하는 수석비서관 같은 역할을 했다. 안평대군은 세종의 명에 따라 의학서들을 집대성한 365권짜리 『의방유취』의 감수를 맡았다. 이렇게 수양대군과 안평대군은 훈민정음 창제서부터 깊숙이 관여했고 세종의 지시를 받아 맹활약했다.

수양대군에게 책사 한명회가 있다면 안평대군에게는 이현로가 있었다. 이현로는 이효지의 아들로, 이효지는 세종이 왕자였던 시절 수행하던 신하였다. 이현로는 1438년(세종 20) 성삼문, 신숙주, 하위지와 함께 급제한 뒤 집현전에서 근무하며 훈민정음 창제에 참여했다. 이현로는 풍수, 지리, 복서에 능하고 특히 풍수로 이름을 날렸다. 풍수와 관련해 뛰어나 세종과 문종의 각별한 관심을 받았다. 이현로라는 이름도 왕이 하사한 이름이었다.

세종이 세상을 떠나자 맏아들인 문종이 왕위를 이어받았다. 학문을 좋아하고 효심이 지극했던 문종이지만 몸이 몹시 약했다. 문종은 즉위한 지 2년 여만에 김종서와 황보인 등에게 세자를 부탁하고 숨을 거뒀다. 문종이 염려했던 아들이 12세의 나이에 왕위에 오른 단종이었다.

문종은 위독했을 때부터 의정부 3정승에게 왕세자를 보필하라고 명했다. 3정승은 영의정 황보인, 좌의정 남지, 우의정 김종서였다. 문종의 임종 자리에 수양대군은 부름을 받지 못했다. 이후 안평대군은 3정승과 더욱 돈독해졌다. 3정승 중 한 명이던 남지의 딸을 며느리로 맞았고, 거처를 무계정사에서 마포의 담담정으로 옮겼다. 안평대군은 굳게 믿고 의지하던 김종서와 긴밀하게 연락하기 위해서였고, 김종서와 함께 잘 정도였다.

수양대군 쿠데타를 일으키다

1450년 9월이었다. 꿈속의 도원을 잊지 못하던 안평대군이 창의문 밖 백악의 서북쪽 산자락이 인왕산 자락과 만나는 계곡에서 꿈속의 정경과 비슷한 곳을 발견했다. 비해당에서 북쪽으로 5리 정도 떨어진 곳이었다.

안평대군은 '무계수창시'를 통해 "국화꽃이 계곡물에 떠내려오는 것을 보고 다래넝쿨과 바위를 붙잡고 계곡을 올라가 보니 풀과 나무, 물가의 모습이 꿈에 본 도원과 비슷했다. 서너 칸의 집을 짓고 무릉계곡의 뜻을 취하여 '무계정사'라 했다. 이곳은 정신을 편안케 하는 은자의 땅이다"고 밝혔다.

이곳에 작은 집을 짓고 무계정사武溪精舍라 이름 지었다. '무계'는 무릉도원의 계곡이란 뜻이고 '정사精舍'는 학문하는 곳, 수련하는 곳이란 뜻이다. 안평대군을 드리운 먹구름이 몰려오기 시작했다.

수양대군이 문종의 능인 현릉을 둘러보는 자리에서 이현로를 구타하는 사건이 일어났다. 임운을 시켜 안평대군의 최측근인 이현로를 구타해 모욕한 것이다. 임운은 1453년 11월 10일 일어난 수양대군의 쿠데타인 계유정난 당시 김종서를 철퇴로 내리친 자다.

계유정난이 일어난 밤 안평대군은 자신의 숙부이자 양아버지였던 성녕대군의 저택에서 붙잡혔다. 다음날 새벽 돈의문 밖에서 있을 하연의 발인에 참석하기 위해 가까운 거리에 있던 양어머니 집에 있었던 것이다. 수양대군의 세력에 의해 붙잡힌 안평대군과 아들 우직은 양화나루를 거쳐 강화도로 끌려갔다. 정변을 도모했다는 죄목이었다.

양평대군의 측근이던 이현로는 문종 생존 당시 "백악산 뒤에 궁을 짓지 않으면 정룡正龍이 쇠하고 방룡傍龍이 반드시 일어날 것"이라고 말했다. 무계정사의 건축을 실제로 담당한 이는 선공부정繕工副正 이명민이었다. 이명민은 세종 말년 경복궁 후원에 내불당을 짓고, 세종의 아들 영응대군의 저택과 그 안에 세종을 위한 동별궁을 지은 자였다. 궁성 영조를 맡은 관리가 양평대군의 무계정사를 짓는데 동원된 것은 문종의 허락하에 이뤄진 일이었다.

수양대군이 격노하여 이현로를 구타한 것은 정룡인 세종의 장자 문종과 문종의 장자 단종을 보호하려는 목적으로 안평대군이 백악 뒤편에 무계정사를 지었다는 사실을 뒤늦게 알아차렸기 때문이었다. 안평대군의 무계정사를 지은 이명민도 계유정난 당일 주살됐다.

안평대군은 무계정사를 짓고 왕위찬탈을 모의했다는 죄목으로 강화로 유배를 떠났고 마침내 1453년 교동도에서 사약을 받았다. 안평대군과 〈몽유도원도〉를 즐기며 시를 남겼던 성삼문, 박팽년 등은 단종을 복위하려다 발각되어 처형당했다.

대역죄를 쓴 안평대군의 재산은 적몰되고 철저히 파괴되었다. 신숙주가 『화기』에 기록한 안평대군의 귀한 소장품 수백 점의 행방도 묘연해졌다. 안견의 대작 〈몽유도원도〉 역시 어디론가 사라졌다.

사라졌던 〈몽유도원도〉 일본에서 나타나다

1928년과 1929년 무렵 일본 오사카와 교토 고미술상에 조선 시대의 귀한 고서화가 등장했다. 고서화를 들고 다닌 사람은 가고시마 출신의 소노다 사이지라는 50대 사업가였다.

소노다 사이지는 그 무렵 동양 고미술의 권위자인 교토대학의 나이토 고난 교수를 찾아갔다. 고미술상에서 조선 시대의 귀한 고서화에 대해 전문가의 감정과 평가를 받아보라는 조언을 받은듯했다. 나이토 교수는 조선총독부 조선사편수회 고문으로 위촉된 중국사 교수이자 동양고미술 분야에서 인정받는 권위자였다. 나이토 고난 교수는 소노다 사이지가 들고 온 고서화 묶음 중에 안견의 진본인 〈몽유도원도〉를 발견하고 눈을 의심했다. 그림에서 조선 3대 화가인 안견의 자字인 '가도可度'를 발견했던 것이다. 나이토 교수는 서울에서 조선 미술품 대수장가인 오세창을 방문하여 안견을 비롯해 조선 대가들의 작품을 본 적이 있었다. 안견의 진본임을 확인한 나이토 교수는 이를 1929년 9월호 『동양미술』에 '조선 안견의 몽유도원도'라는 제목의 논문으로 실었다.

나이토 고난 교수는 논문에서 "이 놀라운 걸작이 일본에 오게 된 연유는 다분히 문록·경장의 역文禄慶長の役 때 획득한 것이기 때문일 것이다.

오랜 기간 사쓰마에 전해진 것으로 보아서 그러한데 지금은 가고시마의 소노다 사이지 씨가 소장하고 있다"고 밝혔다. '문록·경장의 역'은 일본이 임진왜란과 정유재란을 부르는 말이다. 즉 소노다 사이지가 들고 나타난 〈몽유도원도〉를 일본이 임진·정유재란 당시 약탈해간 것이라고 본 것이다. 문화 외교관으로서 유명한 김경임 전 튀니지 대사는 저서『사라진 몽유도원도를 찾아서』에서 이를 바탕으로 〈몽유도원도〉의 역사적 궤적을 집중적으로 파고들었다.

저서에 따르면 〈몽유도원도〉는 1893년 11월 2일자로 일본 정부가 발급한 '감사증鑑査證'을 첨부하고 있었다. '감사증'은 일본 정부가 우수 예술품임을 인증한다는 증명서다. 이 감사증은 오랫동안 〈몽유도원도〉를 가지고 있던 사쓰마 번(가고시마 현)의 번주 시마즈 나리아키라의 수석 가노家老 시마즈 히사나가에게 발급된 것이었다. 그는 시마즈 분가인 히오키 시마즈가의 제13대 당주였다. 시마즈 가문이 〈몽유도원도〉를 오랫동안 가지고 있었다는 것이 밝혀진 것이다.

규슈 남단 사쓰마 번의 제10대 번주 시마즈 나리아키라는 막부 말기 부국강병을 이룬 4현후四賢侯의 한 사람으로 꼽혔다. 사쓰마에 서양식 산업인 방적·제철·조선업을 일으켜 일찌감치 근대화에 나섰다.

1863년 일어난 사쓰에이 전쟁(사쓰마 번과 영국 간에 일어난 전쟁)에서 사쓰마 군의 총대장은 시마즈 히사나가였고, 제국박물관 초대 관장을 맡은 마치다 히사나리는 총대장 시마즈 히사나가의 경호대장으로 활약한 바 있다. 마치다 히사나리가 1871년, 1872년 일본의 문화재 조사를 실시할 때 시마즈 가문이 소장하고 있던 〈몽유도원도〉를 등록하라고 조언했을 가능성이 크다.

...
이왕가박물관

일본 정부는 메이지 유신 이후 일왕의 권위를 높이기 위해 왕실박물관
을 세우기로 했다. 그러나 당시 일본 제국박물관이 가지고 있는 수장품은
11만 점 정도였고 미술품은 6000여 점에 그쳤다. 일본 정부는 궁내성에
도서료를 세워 고문헌과 고서적을 모으기 시작했고 1888년에는 임시전
국보물취조국을 설치해 왕실박물관을 채우는 일을 맡았다. 이때부터 5년
넘게 일본 전국에 흩어져 있던 고미술품에 대한 대대적인 조사를 벌였다.
일본 정부는 21만 5000여 점을 찾아냈고 〈몽유도원도〉는 이 과정에서 감
사증을 받았다.

조선총독부와 왕실 업무를 맡은 이왕직도 이 무렵 대대적으로 조선
의 고미술품을 조사했고 〈몽유도원도〉의 존재를 알고 넘겨달라고 수차
례 요청했다. 하지만 그때마다 거절당했다고 한다. 조선 왕실은 1909년
한국 최초의 박물관인 제실박물관(1910년 병합 후 '이왕가박물관'으로 바뀜)을 창경궁

안에 개관하고, 소장품을 구하기 위해 정성을 쏟고 있었다. 조선총독부는 별도로 1915년 경복궁에서 연 조선물산공진회에 전시된 물품을 토대로 경복궁 안에 총독부박물관을 세우고 소장품 확보에 혈안인 상태였다.

〈몽유도원도〉를 두고 일본과 조선에서 대표 박물관들이 서로 가져오기 위해 노력했던 것으로 보인다.

일제강점기 때인 1931년 드디어 〈몽유도원도〉가 일반인에게 공개적으로 모습을 드러냈다. 3월 22일부터 4월 4일까지 일본 도쿄 우에노 공원에 세워진 도쿄미술관에서였다. 도쿄미술관에서는 '조선명화전람회'가 열렸고 이 자리에 조선 왕실과 총독부 소장품, 개인이 소장한 걸작 400여 점이 출품됐다. 도쿄미술관에서 열린 전시였지만 판매를 위한 전시였다.

이 전시 기획과 진행에 깊이 관여했던 '조선미술관'의 오봉빈 씨는 〈몽유도원도〉가 나타나자 흥분했다. 1931년 동아일보에 〈몽유도원도〉를 조선의 품으로 다시 가져오자는 글을 실어 독지가의 손길을 애타게 부르짖었다.

사쓰마번에 약탈된 〈몽유도원도〉

그렇다면 일본 사쓰마 번의 시마즈 가문은 어떻게 〈몽유도원도〉를 손에 넣게 되었을까.

사쓰마 번의 시마즈 가문 17대 당주인 시마즈 요시히로는 임진왜란과 정유재란 때 조선에 주둔했던 왜장이었다. 무자비한 살상과 대대적인 약탈로 악명을 떨친 왜장이었다. 도요토미 히데요시의 조선 출병군 제4진을 맡아 경기도 북부 영평과 강원도에 주둔했던 것으로 알려졌다.

경기도 고양현 산속에는 대자암大慈庵이 있었다. 태종이 총애하던 막내 아들 성녕대군의 능을 지키기 위해 세운 사찰로, 세종 당시 승려 120명이 상주할 정도로 규모가 큰 사찰이었다. 대자암은 태종 부부와 세종 부부, 문종의 명복을 빌던 왕실의 원찰이기도 했지만 억불정책을 펴온 조선이었기에 규모를 작은 것처럼 보이기 위해 대자사가 아닌 대자암으로 이름 지은 것으로 보인다.

성녕대군의 양자로 들어간 안평대군은 대자암의 후원자이자 가장 큰 시주자였다. 세종은 부모인 태종 부부와 자신과 소헌왕후를 위한 불사를 이 곳에서 치르라는 명을 내렸다. 문종은 즉위하자 세종을 위해 대자암의 무량수전을 대대적으로 새로 지었는데 당시 안평대군이 모든 일을 기획하고 지휘했다. 대자암 등롱의 채옥을 구워 만드는 등 화려함을 더했다. 안평대군은 문종의 병세가 위중함을 보고 소중하게 가지고 있던 〈몽유도원도〉를 대자암에 깊이 숨겨뒀을 것으로 보인다. 안평대군은 대자암을 신축하면서 경전을 보관하는 해장전이나 서적을 보관하는 백화각 등의 구조를 잘 알고 있었기 때문이다. 이 때문에 〈몽유도원도〉는 안평대군의 모든 것이 몰수되고 파괴된 계유정난 와중에서 살아남을 수 있었던 것으로 보인다.

안평대군이 사사되자 성녕대군의 후사를 잇기 위해 효령대군의 여섯째 아들 원천군이 양자가 되었다. 불심이 깊었던 효령대군_(태종의 아들) 가문은 대자암을 지키는데 앞장섰을 것으로 보인다. 임진왜란 당시 왜군의 주력군이 평양을 향해 북진하는 동안 경기도 일대에 주둔하던 시마즈 요시히로가 대자암의 〈몽유도원도〉를 발견했을 것이라고 김경임 전 대사는 주장했다.

시마즈 요시히로는 조선 출병 당시 군승軍僧으로 용운龍雲 화상을 데리고 왔다. 용운 화상은 사쓰마 동부 시부시에 있는 대자사大慈寺의 주지였다. 대자사의 주지로서 조선 왕실의 원찰로 유명했으며 대자사와 이름이 같은 대자암을 알고 있었을 것이다. 세종 당시에도 일본 승려들은 대장경을 달라며 얼마나 매달리고 애걸했던가. 일본 승려인 용운 화상은 조선 왕실의 원찰인 대자암에 대한 정보와 선망을 가지고 달려왔을 것이다.

특히 왜장 시마즈 요시히로는 시서화를 좋아해 송나라 화가인 이공린의 그림에 조자앙이 발문을 쓴 〈귀자모신도鬼子母神圖〉를 임진왜란 중에도 지니고 다녔다고 한다. 시마즈 요시히로는 일본 무로마치 시대 서화에 지대한 영향을 끼친 안견의 이름도 알고 있었을 것이다. 때문에 안평대군을 비롯해 유명한 학자들의 찬문이 곁들여진 〈몽유도원도〉를 보고 얼마나 기뻐했을지 짐작할 수 있다.

임진왜란 당시 일본의 조선에 대한 약탈과 납치는 치밀하고 조직적이었다. 도요토미 히데요시는 임진왜란 초기부터 전투 부대와 별도로 여섯 개의 특수부대를 편성했다. 이들의 임무는 조선의 문물을 조직적으로 분담해 약탈해오는 것이었다. 특수부대 중 '도서부'는 조선과 중국의 고전 등 서적류를, '공예부'는 찻사발 같은 자기류와 갖가지 공예품 약탈을 비롯해 목공과 직공·사기장 등 기술자를 납치하는 임무를 맡았다. '포로부'는 의원과 젊은 남녀를 납치했으며, '금속부'는 병기兵器와 금속활자, 금속 예술품을 집중적으로 약탈했다. '보물부'는 금은보화와 진기한 물품을 쓸어 담았고, 심지어 '축부畜部'는 조선 영토의 가축을 포획해 가져오는 임무를 맡았다.

임진왜란 조선의 문물을 쓸어가다

임진왜란 당시 왜병들은 한문을 읽지 못했기 때문에 교토의 학승들이 진귀한 서적을 골라내기 위해 종군했다. 모리 데루모토가 지휘한 성주성 전투에서는 이이의『격몽요결』, 서경덕의『화담문집』김시습의『금오신화』같은 귀중본을 뺏겼다.

임진왜란 때 일본이 약탈해간 수많은 조선의 문화재는 교토의 각 사찰이나 문고에 흩어져 있다. 〈수월관음도〉와 〈아미타삼존도〉 등 세계적인 걸작으로 꼽히는 불화가 일본에 남아있다. 교토의 박물관에는 조선의 국

...
고려 〈아미타삼존도〉와 〈수월관음도〉

57

보급 불화를 소장하고 있는데 임진왜란 때 약탈된 것으로 추정된다.

교토 남선사南禪寺는 조선에 끊임없이 불상과 불경을 보내달라고 애걸했던 절이다. 남선사뿐 아니라 교토의 수많은 절은 조선의 불상과 불경을 손에 넣기 위해 혈안이 되어 있었다. 임진왜란 때는 유명 사찰의 승려가 침략군의 고문관이 되어 조선의 불교 문화재를 쓸어가다시피 했다.

도요토미 히데요시가 죽고 권력을 잡은 도쿠가와 이에야스는 도요토미가 조선에서 약탈한 귀중본 중 300여 종을 다시 손에 넣었다. 이 귀중본들은 이후 일본 국립국회도서관으로 옮겨졌다.

임진왜란에 이어 다시 일어난 정유재란 당시 왜장 우키다 히데이에는 경복궁 교서관校書館의 주자소를 쳐들어가 금속활자 20만 자와 인쇄 기구, 귀중한 서적을 훔쳐 도요토미 히데요시에게 바쳤다.

시마즈 요시히로는 정유재란에도 참전해 1597년 7월 거제도 앞바다에서 벌어진 칠천량해전에서 조선의 삼도수군통제사인 원균을 죽인 인물이기도 하다. 시마즈 요시히로는 사천에 왜성을 쌓고 조선과 명나라 연합군을 무찔러 연합군에 참패를 안겨줬다. 1598년 시마즈 요시히로는 노량해전에 투입되어 이순신 장군이 이끄는 조선 수군에 포위되어 있던 왜장 고니시 유키나가를 구출해 함께 일본으로 달아났다. 이순신 장군의 활약이 없었더라면 조선의 운명은 어찌됐을지 아찔하다.

유성룡은 임진왜란을 기록한 『징비록』에서 이순신에 대해 이렇게 전했다.

'어느 날 날아오는 탄환이 이순신의 왼편 어깨에 맞아 피가 발꿈치까지 흘렀으나 이순신은 말하지 않고 있다 싸움이 끝난 후 칼로 살을 베고 탄환을 뽑아냈다. 깊이가 서너 치나 들어가서 보는 사람들은 얼굴빛이 변했으나 이순신은 웃으며 이야기하는 것이 평상시와 같이 태연했다.'

당시 유성룡을 비롯해 많은 사람들이 이순신 장군이 장수로서 얼마나 용맹했는지 탄복한 사실을 알 수 있다. 이순신 장군의 위대함은 일본 왜장들까지도 고개 숙이게 만들었고 심지어 일본 군국주의자들에게도 깊은 감명을 주었다.

일본에게 있어 러일전쟁은 엄청난 도전이자 모험이었다. 고군분투 끝에 승리하자 일본 열도는 전쟁 승리로 온통 난리였다. 러일전쟁을 승리로 이끈

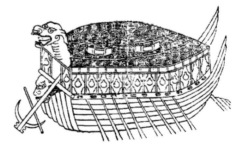

•••
거북선도

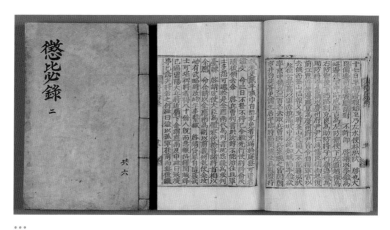

유성룡이 쓴 『징비록』

주역은 도고 헤이하치로였다. 승전을 축하하던 날 일본의 한 기자가 도고 헤이하치로 제독을 영국의 넬슨 제독과 조선의 이순신 장군에 비견될만 하다고 추켜세웠다. 그러자 도고 제독은 이렇게 말했다.

"이순신 제독은 국가의 지원도 제대로 받지 않고 훨씬 더 열악한 상황에서도 매번 승리 했다. 나를 전쟁의 신이자 바다의 신이신 이순신 제독과 비교하는 것은 신에 대한 모독이다."

왜장 가토 기요마사는 일본으로 패퇴하면서 울산의 기와, 도자기, 축 성 기술자까지 마구 잡아 규슈의 구마모토로 돌아갔다. 이 때문에 구마모 토에는 울산마치(울산동네), 울산마치역 등이 있었을 정도였다. 기요마사는 심지어 울산 전투에서 패하고 물러가면서도 울산의 동백나무를 파다가 도요토미에게 올렸다. 도요토미는 이를 심게 했고, 지금도 다섯가지 색깔 의 꽃이 피는 명물로 자리 잡고 있다.

일본은 임진왜란 중 조선인 9만 명에서 14만 명을 끌고 가(통계마다 차이가 크다) 일본뿐 아니라 중국과 포르투갈 상인에게까지 노예로 팔았다. 어린이와 부녀자까지 대거 납치해 갔고 일본에서 오래 이어진 전국 내란으로 노동력이 부족한 상황을 조선에서 끌고온 포로로 대체했다.

일본에 끌려간 조선인 중에는 잘 알려진 사기장(도공)뿐 아니라 유학자, 의원醫員, 승려, 무기 조작 기술자까지 광범위했다. 이들은 일본으로 끌려가 노비나 하인, 하녀로 비참한 생활을 이어가야 했다. 일본 시코쿠의 오쓰에는 저녁이면 조선에서 끌려온 사람들이 고향을 그리워하며 매일 울었다고 한다.

일본은 임진왜란 당시 조선에서 약탈해간 사람과 재화를 적극 활용해 도쿠가와 시대에 문화 발전을 이룰 수 있었다. 대신 조선은 사람과 중요한 재화를 일본에 빼앗기고 이를 만회하기 위해 허덕여야 했다.

시마즈 요시히로가 임진왜란에서 약탈한 〈몽유도원도〉는 시마즈 가문의 세습유물인 중물重物이었을 것이다. '중물'은 당주의 권위를 상징하는 귀한 보물이기 때문에 임의로 처분할 수 없었다.

히오키 시마즈가家는 사쓰마 번주인 시마즈 요시히로의 동생 시마즈 도시히사가 시조다. 도시히사는 도요토미 히데요시의 조선 출병을 거부했고, 임진왜란 도중 반란을 일으켰다며 참수됐다. 시마즈 본가는 참수된 도시히사의 유일한 후손인 외손 시마즈 쓰네히사에게 히오키 지역의 영지를 하사해 '히오키 시마즈' 분가를 세우도록 했다. 히오키 분가의 영주에게 가로家老 직을 내렸다. 가로는 번주의 최측근으로 행정을 총괄하는 실세였다.

250년 후 히오키 분가의 13대 당주가 시마즈 히사나가였던 것이다. 시마즈 히사나가는 시마즈 본가의 가로가 됐는데, 그의 주군이 사쓰마 번주 시마즈 나리아키라였다. 나리아키라는 임진왜란에 참전했던 시마즈 요시히로의 11대손이다. 시마즈 히사나가는 주군인 시마즈 나리아키라와 생사고락을 함께 하며 신임을 받았고 이 과정에서 〈몽유도원도〉를 전달받았을 것으로 보인다. 다른 추정은 시마즈 나리아키라가 급사하는 바람에 이복동생 히사미쓰가 실권을 쥐면서 형의 측근이었던 히사나가를 파면했다. 이 과정에서 히사미쓰는 몇 개의 국보급 서화를 히사나가에게 하사했고, 이 목록에 〈몽유도원도〉가 포함됐을 가능성도 있다.

〈몽유도원도〉가 히오키 시마즈 가문을 떠난 것은 1920년대 후반으로 보인다. 시마즈 히사나가의 손자 시마즈 시게마로가 이를 처분하면서 다른 가문으로 넘어간 것으로 추정된다.

1868년 메이지 유신이 이뤄지면서 각 지역에 할거하던 번주들은 대대로 물려받던 영지와 통치권을 일왕 정부에 바치는 '판적봉환版籍奉還'을 받아들일 수밖에 없었다. 대신 번주들은 정부로부터 보상금과 귀족 작위를 받았다.

시마즈 히사나가의 아들인 시마즈 히사아키는 이 때 남작 작위와 막대한 보상금을 받았다. 메이지 정부는 번주들에게 현금으로 지불할 능력이 없어 채권으로 보상금을 지급했고, 번주들은 이를 다투어 투자했다. 귀족 칭호를 받은 정치가와 영주들이 도쿄에 주고十五은행을 세웠고 이 은행의 최대 주주는 시마즈 가문이었다. 주고은행은 일본 궁내성도 투자하는 등 군수 산업과 철도 사업에 대출을 확장하면서 급부상했다. 1914년에는 미국에서 유학중이던 시마즈 시게마로가 귀국해 남작 작위를 잇고 주고

일본 덴리대학교

은행의 대주주가 됐다.

그러나 1923년 관동대지진이 일어났고 일본 정부는 마구 남발한 재해 채권을 은행들에게 억지로 떠맡겼다. 1927년이 되자 부실 채권을 떠안은 은행들이 도산하기 시작했고 주고은행도 도산을 피할 수 없었다.

시마즈 시게마로는 도산의 조짐을 미리 알아차리고 1926년 12월 후지타 데이조에게 3000엔(당시 일본에서 쌀 130석)을 받고 〈몽유도원도〉를 담보로 넘겼다. 결국 1928년 11월 시게마로가 분투했음에도 불구하고 히오키 시마즈가의 소장품들이 대거 경매에 넘어갔다. 특이하게도 이 소장품 경매 목록에 〈몽유도원도〉는 없었다. 관동대지진 이후 쇼와 금융공항이 닥치면서 시게마로도 파산을 맞았다.

후지타 데이조는 1929년 무렵 가고시마의 부유한 무가 출신으로 오사카에서 사업을 하던 소노다 사이지에게 〈몽유도원도〉를 판 것으로 보인다. 일본 정부는 1933년 〈몽유도원도〉를 '안견 필, 이용(안평대군의 이름) 등 22명의 발跋'이라고 기록하면서 중요미술품으로 지정했고 1939년에는 국보로 지정했다.

이후 도쿄 고미술상으로 국제 골동계에 잘 알려진 용천당龍泉堂이 〈몽유도원도〉에 큰 관심을 보였다. 용천당은 대영박물관·메트로폴리탄박물관·보스턴박물관 등 서양의 유명 박물관이나 거물 수집가에 아시아의 고미술품을 판매하면서 부와 명성을 쌓았다. 국제 골동계의 거물인 용천당의 마유야마 준키치는 110만 엔을 주고 〈몽유도원도〉를 사들였다. 서울에서 골동품상을 경영하다 일본이 패망하고 후쿠오카로 돌아간 후쿠시마 요시미가 1947년경 친구였던 마유야마 준키치에게 〈몽유도원도〉를 소개한 것으로 알려졌다.

이후 마유야마 준키치가 3년 정도 가지고 있다 교토대학교 동양고미술학 교수 미즈노 세이이치의 추천으로 1950년 덴리교 2대 교주인 나카야마 쇼젠에게 매각한 것으로 추정된다.

〈몽유도원도〉가 한국의 품에 돌아올 기회는 몇 번 있었던 것으로 알려졌다. 도쿄의 용천당이 〈몽유도원도〉를 가지고 있을 당시 매물로 몇 곳에 의사를 타진한 것으로 보인다.

1947년 국립박물관의 초대 관장을 지낸 김재원 박사가 일본을 방문했을 때였다. 김재원 박사는 일본 미술사가 구마가이 노부오로부터 〈몽유도원도〉를 구입할 수 있다는 말을 들었다. 그러나 수천 달러를 줘야한다는 말에 광복 후 구입 여력이 없던 터라 포기했다.

한국전쟁 당시 일본의 한 정객이 이승만 대통령에게 〈몽유도원도〉를 사들이라고 연락했다는 이야기도 있다. 3만 달러, 당시 약 6000만 환 정도의 금액이었다. 이승만 대통령은 모 대기업에게 구입해보라는 의사를 전했다. 그러나 모 대기업 총수는 "하도 낡아 함부로 보여줄 수 없을 만큼 서화의 상태가 극히 좋지 않았다"고 했다. 비단 그림의 바탕이 쩐 듯시커먼 데다 한 번 훅 불기만 해도 가루처럼 날아갈 듯 삭아서 사지 않았다는 것이다. 이런 이유로 〈몽유도원도〉는 결국 고국의 품으로 돌아오지 못했다.

2009년 국립중앙박물관에서 열린 '한국박물관 100주년 기념 특별전'에 〈몽유도원도〉가 전시됐다. 언제 또 한국에 오게 될지 모른다는 말이 나와서인지 〈몽유도원도〉를 보려는 사람들로 줄이 수 백 미터에 이르렀다. 그렇게 오래 기다리고도 관람객이 너무 많아 떠밀리듯 30초밖에 보지 못했다.

세종 문화 부흥기의 주역이었던 안평대군과 집현전 학사들이 빚어낸 희대의 걸작 〈몽유도원도〉는 우리에게 눈에 밟히는 역사로 이렇게 남아 있다.*

---

* 이상 김경임, 『사라진 몽유도원도를 찾아서』, 산처럼, 2013 인용 참조

안평대군의 '도원기'

나는 인수(仁叟·박팽년)와 함께 어느 산 아래 닿았다. 산봉우리는 우뚝 솟고 산세는 험준한데 계곡은 깊어 그윽했다. 수십 그루의 복숭아 꽃나무가 빽빽한 사이로 길이 있었고 숲이 끝나는데 이르자 갈림길이 나타났다. 우리는 어느 길로 갈까 머뭇거리고 있는데 조촐한 산관을 쓰고 거친 옷을 입은 자가 나타났다. 그는 공손히 절을 하더니 "이 길을 따라 북쪽으로 가면 골짜기를 만나는데 그곳이 도원이옵니다"라고 말했다.

나는 인수와 말을 달려 그 길로 찾아갔는데 벼랑은 깎아지고 숲은 울창한데 계곡물은 굽이쳐 흘렀다. 길은 100굽이나 돌고 돌아 어느 방향으로 가야할지 아득했다.

골짜기를 들어가니 넓은 동굴 같은 곳이 나왔는데 2~3리는 될 것 같았다. 주위산은 바람벽같이 찌를듯하고 구름과 안개는 자욱한데 복숭아나무에 햇빛이 비쳐 노을과 같은 아지랑이가 피어오르고 있었다. 그곳에는 대나무 숲에 띠를 두른 집들도 보였다. 싸리문은 반쯤 열려있는데 담장은 무너져 있었다. 닭과 개, 소와 말은 없는데 흐르는 시내에는 조각배 하나가 이리저리 흔들리며 떠내려가고 있어 그 고적한 정경이 신선이 사는 곳인듯 했다. 우리는 주저하면서도 오래두고 둘러보았다.

나는 인수에게 "바위틈에 서까래를 얹고 골짜기를 파서 집을 짓는다더니 여기를 두고 하는 말이 아닌가. 여기야말로 도원이로구나"라고 말했다. 그때 몇 사람이 뒤따라 왔으니 바로 정부(貞父·최항)와 범옹(泛翁·신숙주)으로, 함께 운서를 편찬하던 자들이었다. 우리는 서로 짚신을 감고 걸어 내려오면서 주위를 맘껏 구경하다 꿈에서 깨어났다.

우리 나라 최초의 근대 박물관

우리나라 최초의 근대 박물관은 1908년 창경궁에 만들어진 대한제국 제실(帝室)박물관이었다. 처음에는 왕족들만 소장품을 감상할 수 있었는데 1909년 11월 1일부터 일반인에게도 문을 열었다. 개관 당시 6800여 점의 유물을 소장하고 있었던 제실박물관은 국보 제83호 '금동반가사유상' 등 삼국 시대 불상과 조선 시대 공예품을 집중적으로 사들여 1912년에는 1만2000여 점의 소장품을 확보하게 됐다.

1910년 한일병합으로 고종황제가 이왕으로 격하되면서 제실박물관은 이왕가박물관으로 격하됐다. 1938년 창경궁에서 덕수궁으로 옮기면서 이왕가미술관으로 이름이 바뀌고 광복 이후에는 덕수궁미술관이 됐다. 대한제국제실박물관 유물은 현재 국립중앙박물관 소장품으로 남아있다.

조선총독부는 1915년 한일병합 이후 시정 5년을 대대적으로 선전하기 위해 조선물산공진회를 경복궁에서 개최했다. 조선총독부박물관 개관은 초대 조선 총독이었던 데라우치 마사타케 총독이 주도했다. 조선물산공진회를 열기 위해 경복궁 전각을 엄청나게 헐어냈고 왕의 침소였던 강녕전을 비롯해 경성전과 응지당, 연생전 전각에 화가들의 작품을 전시했다. 특히 강녕전에는 일왕의 즉위식을 모형으로 전시해 이중 삼중으로 본궁인 경복궁을 짓밟았다.

작품 전시관에는 낙랑시대를 비롯해 삼국시대, 고려, 조선 시기의 유물이 전시됐는데 공진회가 끝난 뒤에는 연구를 한다며 돌려주지 않았다. 80여 점을 일본 왕족이 가져가고 나머지는 데라우치를 비롯한 관리들이 가져갔다.

조선총독부박물관의 경주분관과 부여분관도 세워지고 개성부립박물관과 평양부립박물관도 문을 열었다. 경주분관은 일본 관광객이 많이 찾았는데 조선총독부가 '일본의 신공왕후가 정복한 곳이자 도요토미 히데요시의 조선 정벌과 관계 있는 곳'으로 선전했기 때문이었다.

대한제국 제실박물관

帝室博物館に
朝鮮部を新設する
新築完成の上は東洋一
打合せに來鮮の 山脇氏釜山て語る

1933년 부산일보 제실박물관 기사

고려 경천사십층석탑

서울 용산구 국립중앙박물관 1층에 있는 고려 경천사십층석탑(국보 제86호)

서울 용산에 있는 국립중앙박물관 1층 로비에는 천장을 뚫을 것같이 높은 석탑이 있다. 13m가 넘는 높이로, 대리석의 거뭇거뭇한 음영이 꽤 낯설다. 탑신마다 온통 섬세한 부조를 가져 입체적이면서도 극적인 요소를 가지고 있는 걸작이다.

고려 경천사敬天寺 십층석탑이다. 원나라 영향을 많이 받았던 고려 충목왕 시대의 것이란 설명을 보면 생경함에 끄덕일 수 있다. 충목왕 4년인 1348년 개풍군 부소산 경천사에 강융과 고용봉의 시주로 세워졌으며, 원元 황제와 황실의 장수와 복을 빌었다고 한다. 고용봉은 고용보高龍普라고도 불렸던 고려 출신의 원나라 환관이며, 강융 역시 원나라에 협조하던 인물이었다. 당시 고려 출신으로 원나라로 건너가 최고의 권세를 누리던 기황후奇皇后의 지지 세력이었다.

경천사십층석탑은 팔작지붕(측면에 삼각형 벽이 있는 합각지붕)의 기와집들이 빽빽한 마을을 이룬 것처럼 보이는데 크게 아래 기단부와 탑신부塔身部로 나뉘볼 수 있다. 안정감을 주는 기단부는 3층으로 되어있고 아亞 자처럼 되어있다. 탑신부는 10층으로 이루어졌는데 1~3층은 기단부처럼 아자형 평면에 20각을 이루고 있다. 그 위로 4~10층은 사각 평면을 보여준다.

기단부에는 부처와 보살, 사람과 용, 화초가 매우 정교하게 조각되어 있다. 『서유기』와 불교가 발전해 나가는 과정을 형상화하고 있다.

1~4층의 동서남북 네 면에는 미타회, 영산회, 다보불회, 화엄회, 열반회 등 불교의 16가지 장면을 묘사했고 지붕에는 각 장면의 명칭을 알 수 있는 현판까지 달아놓았다. 이 불회상佛會相 장면은 이전 고려 현화사칠층석탑에서도 찾을 수 있다.

탑신부에는 불교의 대표적인 법회 장면이 형상화되었는데 면마다 부처와 보살, 천부상이 빼곡이 조각되어 있다. 자세히 보면 5층부터 10층까지는 5구 또는 3구의 불상을 빈틈없이 조각해놓아 거의 모든 면을 빼곡이 채우고 있다. 고려 후기 조각 양식을 잘 보여주고 있다.

탑신부는 몸돌에서 지붕돌까지 목조 건축물을 보는듯한 느낌을 준다. 층마다 난간을 둘렀고 지붕돌에는 기와골, 서까래, 공포栱包(목조건축에서 처마 끝의 무게를 지탱하기 위해 기둥위에 덧댄 나무 장식)까지 표현했다. 공포를 여러개 받친 다포多包 양식을 보여주는 것으로, 난간과 탑신, 지붕으로 이어진 탑신부는 목조탑을 그대로 옮겨놓은 듯해 고려 목조건축 양식연구에 도움을 주고 있다. 돌을 정교하게 깎아 층마다 살짝 들린 추녀가 생동감을 준다. 우리나라 특유의 면모들인데, 4층부터 10층까지 사각형 평면과 목조 지붕 양식 등을 조각한 것은 당시 원나라에서 유행한 라마탑에는 없는 형식이다.

재료도 이색적이다. 우리나라 석탑은 단단한 화강암을 주로 쓰는데 경천사십층석탑은 회색 대리석을 썼다. 대리석은 단단한 화강암에 비해 조각하기 쉽다는 장점이 있다. 조선 시대에 만들어진 원각사십층석탑(국보 제2호)도 경천사십층석탑의 양식을 가져온 것으로 보인다.

∴ ∴ ∴
탑골공원에 있는 원각사십층석탑(왼쪽)과 일제강점기 경천사십층석탑

경천사십층석탑이 일제강점기 때 어떤 일을 겪었는지 알고 나면 쉽게 지나치기 어렵다.

조선을 침략한 일본인들이 가장 좋아했던 고미술품은 고려청자였다. 일본인들은 동이 날 정도로 고려청자를 쓸어 가버리고, 다음으로 조선의 옛 사찰에 남아있던 석탑이나 불상, 범종 등을 밀반출했다. 안중근 의사가 하얼빈역에서 저격한 조선 통감 이토 히로부미는 고려청자를 쓸어간 일본인 중 한 명이었다.

이토 히로부미가 조선에 강압적으로 통감부를 설치한 이후 일본의 실세 한 명이 조선을 찾았다.

순종과 순정효황후 윤씨

일본의 궁내대신 다나카 미쓰아키였다.

다나카 미쓰아키는 고종황제의 아들인 황태자(훗날 순종)와 황태자비의 가례 특사로 파견됐다. 황태자는 이때 두 번째 황태자비(순정효황후)를 맞았다. 1882년 세자빈을 맞았지만 숨을 거두자 윤택영 후작의 딸과 가례를 올렸다.

고종황제와 명성황후의 둘째 아들로 태어난 순종은 구한말 역사를 지켜본 군주였다. 일본이 어머니 명성황후를 습격하는 현장에 있었고 첫째 부인이던 세자빈은 이때 일본 암살자들을 막아서다 크게 다쳐 병을 얻었다. 1907년 헤이그 특사 파견을 핑계로 일제가 강제로 고종황제를 퇴위시키고 순종을 황위에 올렸다. 1910년에 한일 강제 병합이 이뤄지면서 순종황제는 '창덕궁 이왕李王'으로 강등당했고 1926년 4월 25일 승하했다.

일본 왕실의 궁내대신 자격으로 온 다나카가
개성의 남쪽 풍덕의 부소산에 있는 경천사십층
석탑을 탐냈다. 전부터 서화와 고미술품을 좋
아했던 다나카는 조선을 방문할 때부터 목적이
있었다. 마침 조선을 방문할 기회를 얻어 자신
이 점찍은 조선의 문화재를 빼돌릴 심산이었다.

다나카 미쓰아키가 조선의 유물에 눈 뜬 것
은 1904년 발간된 도쿄제국대학 조교수 세키
노 다다시의 『한국건축조사보고』를 접하면서

•••
황태자가례도감의궤

였다. 여기에 실린 경천사십층석탑을 보고 그 대단한 위용과 예술성을 보
고 일찍부터 욕심을 냈다. 일본 정부에 의해 조선을 찾은 세키노는 1902
년부터 조선 곳곳을 훑고 다니며 고적과 유물을 샅샅이 조사해 기록으로
남겼다.

다나카 미쓰아키는 일단 조선에서 10여 일을 머문 뒤 1907년 1월 말
일본으로 돌아갔다.

다나카는 이후 경성의 일본인 골동상인을 시켜 경천사십층석탑을 일
본으로 실어오게 했다. 다나카의 사주를 받은 골동상인은 불법반출을 막
아서는 현지 주민을 총 칼로 위협하며 거짓말을 했다. '고종황제가 경천
사 석탑을 다나카 미쓰아키에게 하사했다. 개성 근처 절터에 있는 대리석
탑을 서해로 해서 도쿄의 다나카 대신 댁 정원으로 운반하라'는 종이를
흔들었다. 무기를 가진 일본인 130~200여 명이 밀반출을 막아서는 군수
와 주민을 위협한 뒤 마구잡이로 해체해 실어갔다. 탑을 실어간 현장 감
독자는 '곤도 사고로'라고 하는 일본인으로 경성에서 골동상을 하는 자

덕수궁과 경복궁 경내에 세워졌던 경천사십층석탑

였다.

당시 경천사 터는 허허벌판에 가까웠지만 그렇다고 십층석탑이 방치된 것은 아니었다. 주민들은 이 탑을 긁어먹으면 어떤 병도 나을 수 있다고 믿어 '약왕탑'이라 부르며 높이 우러렀다. 현대와 같이 제대로 관리되지 못했을 뿐 누구나 함부로 가져갈 수 있는 석탑은 아니었다.

경천사십층석탑은 거대한 규모였기에 약탈자들은 급한 마음에 마구잡이로 해체해서 10여 대의 달구지로 실어갔다. 개성역으로 빼돌렸다 기차로 인천까지 운반했고 다시 배에 실어 일본으로 가져갔다.

다나카는 궁내대신이었는데 당시 일본 궁내성은 도쿄국립박물관의 전신인 일본 제실帝室박물관을 관할하고 있었다. 서화와 고미술품에 대해 전문가에 가까운 지식을 가지고 있던 다나카는 자신의 지위를 앞세워 경천사십층석탑을 약탈해간 것이다.

다나카의 만행이 알려지자 조선인들은 들끓었다.

국내외 언론 비난

외국인들의 반응도 비판적이었다. 조선에서 『대한매일신보』를 발행하며 일본의 만행을 고발해온 영국 언론인 어니스트 베델이 이번에도 나섰다.

1907년 3월 21일 『대한매일신보』는 이렇게 보도했다.

'그 불법 반출 때의 정황을 자세히 알아보았더니 8일에 내부의 경무 고문 통역관 와타나베 등이 석탑을 조사하려고 내려왔다기에 군수가 같이 가서 하루 머무르며 그 운송을 막았다. 만일 내부에서 허락 문서가 도착하면 그 뒤에 실어가는 것을 논의하자고 말하고, 이를 내부와 도에 보고하였다. 뿐만 아니라 동네 사람 수십 명을 불러내 며칠이라도 산에 올라가 탑을 지키라고 말하였더니 일본인들과 인부들이 다짜고짜 총을 쏘고 칼을 휘두르며 탑을 헐어 10여 대의 달구지로 실어갔다. 동네 사람들은 그것을 막을 수 없었다고 하기에, 군수가

어니스트 베델

대한매일신보

호머 헐버트

현장에 달려가 보았더니 완전히 실어가고 남은 것이 하나도 없었다.

일본인이 경천사십층석탑을 무너뜨려 일본으로 실어간다기에 개성군과 풍덕군 군민이 구름처럼 몰려들어 뺏기지 않으려고 했지만 200명에 가까운 일본인들이 총칼로 위협하자 어쩔 수 없었다.'

조선통감부는 베델이 다나카의 만행을 보도하지 않을까 우려하고 있었다. 일본의 고위 관리가 조선의 문화재를 약탈해간 사실이 국제 사회에 알려지는 걸 우려해 베델을 회유하려고까지 했다. 그러나 베델이 이를 보도하자 통감부 계통의 신문인 『서울프레스』와 일본 정부 대변지인 『저팬메일』은 이를 부인했다.

서울에서 월간지 『코리아 리뷰』를 편집하던 미국 선교사 호머 헐버트도 베델 편에 섰다.

헐버트는 1907년 5월 13일 일본 고베의 영자신문 『저팬 크로니클』에 다음과 같은 편지를 보냈다.

'조선 황태자의 결혼식에 다나카 미쓰아키 자작이 일본 왕의 특사로 참석했을 때 지위를 이용하여 경천사십층석탑을 가지고 갔다. 나는 석탑 반환이 일본의 의무라고 생각하며 일본 당국에 대해 필요한 모든 것을 말할 작정이다. 만약 『저팬 메일』이 일본 정부 고관들의 의견을 대변하는 신문이라고 보아도 좋다면, 이런 문화 파괴 행위가 조선에 대한 일본의 정책에 얼마나 심하게 위배되는지 일본 고관들이 아직 모르고 있다고 볼 수밖에 없다. 『저팬메일』은 이 석탑이 고종 황제의 재가를 받지 않고 반출된 사실을 아직도 인정하지 않고 있다. 그러나 (고종)황제의 재가를 받지 않았다는 것은 의론의 여지가 없다.'

...
1907년 헤이그 회의

『저팬 크로니클』은 1907년 5월 28일자에 다음과 같이 보도했다.

'이 석탑 사건의 사실이 처음 밝혀졌을 때 우리는 석탑 반환을 주장했는데 그렇게 하는 것이 일본에 가장 이익이 된다고 믿었기 때문이다. 일본의 번영을 염원하는 사람에게 이 문 제가 미국 신문 지상에서 준엄한 비난의 표적이 되는 것을 정말 유감으로 생각한다.……이 석탑 사건에는 '신성 모독'이라는 표현이 걸맞다. 비록 『저팬 메일』이 '모기 한 마리 죽인 일 에 대한 판결' 정도로밖에 간주하지 않더라도 이 일은 유럽에도 전해질 것이다.'

헐버트는 미국의 유력 언론인 『뉴욕 포스트』에도 이에 대해 알렸다.

호머 헐버트는 1905년 을사늑약이 체결된 후 고종황제의 밀명을 받고 미국 루스벨트 대통령에게 친서를 전하기 위해 워싱턴에 간 인물이다. 헐 버트는 1907년 이상설, 이위종과 함께 네덜란드 헤이그에서 열리는 만국

평화회의에 고종황제의 밀명을 받고 파견되기도 했다. 헐버트는 네덜란드 신문 『쿠리에 라 드 콩페랑스』에 "경천사십층석탑 사건은 일본이 조선의 문화를 파괴한 것"이라며 이를 터뜨렸다.

헤이그 특사 3인. 이준, 이상설, 이위종

　　　　　　다나카는 그래도 여전히 꿈쩍하지 않고 버텼다. 경천사십층석탑 문제는 조선 통감이던 데라우치 마사다케가 나서면서 해결의 실마리가 풀리는듯했다. 데라우치는 "경천사십층석탑을 조선에 있던 제자리로 갖다 놓으라"고 다나카를 압박했다.

　데라우치가 다나카의 경천사십층석탑 불법 반출을 언제부터 알았는지는 확실하지 않다. 데라우치는 세키노 다다시가 1912년 8월부터 1913년 9월까지 『국화國華』라는 일본 잡지에 발표한 조사 논문 '조선의 석탑파'에서 경천사십층석탑의 행방에 의문을 제기한 부분을 읽고 관심을 갖게 됐는지 모른다. 세키노는 "경천사는 경기도 풍덕군(지금의 개풍군) 부소산에 있었으나 터뿐이고 내가 명치 35년(1902년)에 조사할 때는 대리석 다층탑만 남아있었다. 이 탑이 그 후 나이치(일본 본토)로 반출되었다고 하는데 지금 그 소재지는 알 수가 없다"고 썼다. 데라우치는 반출 경위를 알고 난 뒤 조선을 위하는 것처럼 행세하기 위해 다나카를 압박한 것인지 모른다.

데라우치는 조선이 영영 일본의 식민지로 남을 거라 굳게 믿었을 것이다. 데라우치도 반납을 요구했으나 다나카는 도쿄 집에 포장해둔 그대로 방치하면서 버티기에 나섰다. 경천사 터에서 급하게 해체해서 오느라 석탑은 이미 엄청난 훼손을 입은 상태였다.

그사이 조선을 위해 고군분투하던 베델이 1909년 갑자기 세상을 떠났다. 일본의 끊임없는 견제와 감시를 받았던 베델이 갑자기 급사하고 말았다.

1916년 데라우치 후임으로 하세가와 요시미치가 조선 총독으로 부임하면서 경천사십층석탑 반환 문제가 다시 불거졌다. 하세가와는 총독부 학무국 고적조사과에 이에 대한 경위를 조사하게 했다. 고적조사과 오다 쇼고는 1918년 다음과 같은 보고서를 작성했다.

'개성 풍덕 경천사(敬天寺) 십삼층석탑(당시는 십삼층석탑이라 부름)에 관한 조사.

이 탑은 개성의 남쪽, 풍덕의 부소산 경천사지에 있던 것. 지금 탑동공원 내에 있는 경성 원각사지의 십삼층석탑과 동일한 형식에 속하며, 만들어진 것은 고려 충목왕 4년(1348)으로, 원각사지의 탑은 이를 모방한 것이며 이보다 120여 년 늦은 것이다.

경천사가 폐한 후 들판 가운데 우뚝 솟아 있었는데 1909년(1907년의 잘못) 당시 궁내대신 다나카 자작이 이를 나이치(일본 본토)로 운반해 물의를 일으킴. 그 바람에 포장도 풀지 않은 채 현재의 장소(도쿄의 다나카 집 정원)에 보관을 위탁했다고 들었음. 이전 총독 때 여러 차례 인수에 관한 논의가 있었으나 지연되어 오늘에 이르렀음.

다나카 자작은 어떤 절차도 밟지 않고 이를 운반한 것으로 어떤 구실로도 그의 사유물이 아님. 조선의 관습으로 사찰은 폐절과 동시에 (탑 같은 것은)나라의 소유로 돌아가며 오늘날에 있어서는 국유로서 본부(총독부) 소관에 속하는 것임.'

유길준   윤치호   김옥균

데라우치가 반환하라고 촉구했음에도 불구하고 뻔뻔함으로 일관하자 조선 총독부가 공식 조사를 벌여 이 같은 소견을 밝힌 것이다.

다나카가 버틸 수 있었던 이유

다나카가 막무가내로 버티는 데에는 그가 당시 궁내부 실세였기 때문이다. 메이지 유신 과정에서 활약하기도 한 그는 육군 대장 등을 거치며 승승장구했다.

여기서 일본 메이지 유신의 흐름을 간단히 보자.

메이지 유신은 일본의 조슈 번, 사쓰마 번, 사가 번 출신들이 주축이 되어 일으킨 혁명이라고 할 수 있다. 번藩은 에도시대 1만석 이상의 영토를 가진 봉건 영주인 다이묘가 지배하던 영토를 말한다.

이토 히로부미는 조슈 번 출신으로 조슈 번주였던 모리 다카치카의 밀명을 받고 영국 유학길에 올랐던 '조슈 5걸' 중 한 명이었다. 당시 이름은 이토 슌스케였는데 나중에 이토 히로부미로 바꿨다. '조슈 5걸'은 무기업

체인 자딘 매디슨 상선을 타고 떠났다. 이토 히로부미를 포함해 영국 유학을 다녀온 다섯 명, '조슈 5걸'은 다음과 같다. 도쿄제국대학 공학부를 창설한 일본 공학의 아버지 야마오 요조와 일본 화폐를 주조해내는 데 성공한 엔도 긴스케, 일본 최초로 도쿄 신바시와 요코하마 구간을 철도로 이은 이노우에 마사루 등이 있다.

자딘 매디슨의 전신은 역사에서 유명한 영국의 동인도회사다. 자딘 매디슨은 인도산 아편을 수입해 중국에 팔아넘기고, 대신 차와 비단을 가져다 영국에 팔아 엄청난 이익을 차지했다. 중국과 영국의 아편전쟁에 관여하기도 했다. 지금도 건재한 홍콩상하이은행은 자딘 매디슨이 중국에서 끌어모은 돈을 영국에 송금하기 위해 세운 은행이다. 글로버 상회는 자딘 매디슨의 자회사로 일본 나가사키에 지점이 있었다. 글로버 상회는 자딘 매디슨과 한 몸이랄 수 있다.

자딘 매디슨과 글로버 상회는 일본 근대화를 돕는다는 구실로 젊은 번사들에게 투자해, 무기상으로서 장기 투자에 나선 셈이다. 실제로 이들은 유학에서 돌아와 일본에서 활약하며 글로버 상회를 통해 막대한 무기를 사들였다.

사쓰마 번의 번사 19명도 영국 무기상 글로버 상회 소속의 배를 타고 몰래 영국 유학길에 올랐다. 사쓰마 번이 영국에 당하면서 서구 문물에 눈을 뜨게 됐고, 그 결과 영국에 유학을 가게 됐다. 그 과정은 이렇다.

1862년 9월이었다. 사쓰마 번주가 위용을 뽐내며 길을 지나가는데 갑자기 말을 탄 영국인들이 덮치듯 들어왔다. 사쓰마 번사들은 감히 주군인 번주의 행렬에 뛰어들었다며 영국인들을 살해했다. 영국은 사쓰마 번사들이 벌인 일에 대해 길길이 날뛰었다. 공식적인 사과를 요구하며 범인을 찾아낼 것과 함께 10만 파운드의 배상금을 요구했다. 중앙 정부랄 수 있는 막부는 이를 받아들였지만 정작 일을 벌인 사쓰마 번은 영국의 요구를 무시했다.

다음 해 7월 새벽 영국 함대가 사쓰마 기선 3척을 전격 나포했다.

'사쓰에이(사쓰마와 영국)전쟁'의 시작이었다. 전쟁에서 무참하게 진 사쓰마 번은 막부로부터 2만 5000파운드를 빌려 영국에게 물어줘야 했다. 이때부터 사쓰마 번은 존왕양이(尊王攘夷(왕을 높이고 외국 오랑캐를 배척한다))로는 서양 오랑캐를 막아내기 힘들다고 여기고 개화로 선회했다. 사쓰마 번주는 서양식 배를 건조하고, 반사로를 건설하는 등 서양식 무기 개발에 나섰다.

사쓰마 번은 서양식 군함인 쇼헤이마루를 건조하기도 했다. 당시 일본 개항을 강요한 미국의 페리 제독이나 조선을 개항하게 한 일본의 운요호 등 동아시아를 무력으로 개항시킨 데에는 '군함을 이용한 강압 외교'가 있었다.

사쓰마 번주 밑에는 '정한론征韓論(조선 침략론)'을 주장했던 사이고 다카모리가 있었다. 사쓰마 번주는 외국 증기선과 군함 구입에 앞장서며 서양식 군비 확장에 나섰다.

사쓰마 번 외에 다른 주요 번들도 외국으로부터 중고 상선을 사들여 이를 무장하여 군함으로 사용했다. 사쓰에이 전쟁에서 치욕스런 패배를 맛본 시마즈 번주는 아예 사쓰마 번에 있는 머리 좋은 번사들을 영국에 유학 보내 서구식 문물을 직수입하도록 했다. 사쓰마 번은 '사쓰에이 전쟁'에서 자신의 적이었던 영국에 가장 똑똑한 젊은이들을 과감하게 유학 보낸 것이다. 힘없고 나약한 막부 체제로는 서양 오랑캐에게 여지없이 무

너질 것이라 판단했기 때문이다. 사쓰마 번사들의 비밀 유학을 도운 글로버는 영국 화약 중에서 싸면서도 질이 좋은 것을 팔아 넘겼다.

　이런 과정을 거쳐 드디어 사쓰마 번이 시모세 화약을 개발하기에 이르렀다. 시모세 화약은 후일 러일전쟁 때 강력한 힘을 보여줬고 일본이 강력한 러시아 발틱함대를 부수는 데 큰 역할을 했다.

조선의 운명에 쐐기를 박은 러일전쟁

　러일전쟁은 한일 강제병합이라는 조선의 치욕적인 운명에 결정적으로 중요한 사건이었다. 1894년 일본은 조선에 대해 우월적 지위를 누리던 청나라를 누르기 위해 전쟁을 도발, 결국 승리를 거두었다. 여기에는 시베리아 철도 건설에 박차를 가하고 있던 러시아가 철도를 완성하면 한반도에 부동항을 확보할 것이란 판단이 작용했다. 일본은 시베리아 철도가 완공되기 전에 하루빨리 한반도를 강제 병합하고 만주에 대해서도 확실한 지위를 확보하고자 했다. 청일전쟁에서 승리한 일본이 중요 전략지

였던 요동반도를 집어삼키자, 러시아와 독일, 프랑스가 크게 반발했다.
이른바 러시아가 주도적으로 나선 삼국간섭이었다. 1895년 4월 일본에
주재하던 러시아·프랑스·독일 공사들이 일본 외무성을 찾아가 삼국공동
합의서를 제시했다. 3국이 일본에게 요동반도를 다시 돌려놓으라는 으름
장이었다.

러시아는 일본이 요동반도로 진출할 경우 자신들의 국경선도 위태로
울 수 있다고 판단해 독일과 프랑스를 부추겨 일본을 견제한 것이다. 일
본이 삼국의 간섭을 대충 무시하려 하자 러시아 등이 공격할 태세를 보
였다. 독일은 자국의 함대를 일본 바다로 파견하는 등 위력을 보였다. 서
구 열강 3개국을 한꺼번에 상대할 수 없어 일본은 속으로 이를 갈며 일단
받아들였다.

일본은 러시아와의 한판 대결을 피할 수 없다고 판단했다.

일본은 청일전쟁을 일으킬 때도 선전포고 없이 기습적으로 시작했는데 러일전쟁도 마찬가지였다.

1904년 2월 9일 14척의 일본 함대가 제물포 앞 바다에서 러시아 함선 카레예츠호와 바랴크호를 30분 동안 집중 포격해 침몰시켰다. 제물포 항에 정박중이던 영국, 미국, 프랑스, 이탈리아 선박에 타고 있던 외국인들이 목격

···
작가 가스통 르루

하면서 러일전쟁의 시작은 전 세계에 알려졌다. 선전포고도 없이 기습적으로 공격한 일본은 야만적인 행태로 지탄을 받았다.

러시아군은 이러한 일본군의 만행을 맹비난하며 '황색 난장이'라는 표현을 쓰기도 했다. 『오페라의 유령』을 쓴 프랑스 작가이자 기자였던 가스통 르루도 러일전쟁을 취재해 보도했다. 당시 프랑스는 러시아에 우호적이었다.

일본 제독 도고 헤이하치로가 이끄는 일본 연합 함대는 하루 앞선 2월 8일 요동반도의 여순항을 먼저 공격했다. 여순항은 러시아의 유명한 극동 함대 대부분이 정박해 있고, 유럽 쪽에서 움직이던 러시아 발트함대의 기항지이기도 했다. 일본군은 러시아의 발트함대가 돌아오기 전 기습을 벌여 전쟁을 빨리 끝내려 했다. 러시아가 강력하게 요새화하고 있던 여순항의 저항이 만만치 않았지만 일본은 죽기살기식 전투로 결국 함락시켰다. 이 전투에서 일본군 사상자가 6만여 명, 러시아 사상자가 3만여 명이었다고 하니 얼마나 치열했는지 짐작할 수 있다.

여순을 함락하고 두 달 지난 뒤 일본은 만주의 봉천奉天에서 다시 10일간 총력전을 펼쳤다. 러시아군 31만여 명과 일본군 25만여 명이 맞붙었고 이때 일본은 장교와 하사관 전사자가 많아 지휘관이 부족할 지경이었다.

1905년 5월. 대한해협에서 러시아와 일본 해군의 일전이 벌어졌다. 러시아의 발트함대가 일본과의 전쟁에 투입되기 위해 급히 움직였다. 하지만 일본과 손잡은 영국이 수에즈운하 통과를 막으면서 아프리카 동해안을 둘러 인도양을 헤치고 와야 했다. 러시아 발트함대는 영국의 손아귀에 있던 인도와 말레이시아 등에서 지원을 받지 못해 극도로 지쳐있던 상황이었다. 발트함대는 대한해협을 지키고 있던 일본군을 피해 일단 여순으로 돌아가 한숨 돌리려 했다. 마침 짙은 안개가 끼어있어 발트함대는 엔진도 끄고 조용히 대한해협을 빠져나가고 있었다. 이때 실수로 발트함대에 속한 선박 한 척이 불을 켜는 바람에 일본군에 발각되어 집중포화를 맞았다.

일본은 자신들이 이길 수 있을까 했던 러시아와의 싸움에서 승리하자 온통 자축분위기로 휩싸였다. 이에 앞서 이토 히로부미는 일본이 러시아를 이길 수 없다고 판단해 협상을 벌이고자 했었다.

일본은 러시아에 승리하면서 더이상 크게 눈치 볼 나라가 없게 되자 발 빠르게 움직였다. 1905년 7월 일본 총리 가쓰라 다로는 미국의 육군장관 윌리엄 태프트를 만나, 미국이 필리핀을 지배하고 일본은 조선을 지배하기로 밀약을 맺었다.

8월에는 영국과 제2차 영일동맹을 맺었다. 영국은 중국에서 이미 확보한 이익과 인도에 대한 지배를 확고하게 인정받고 일본은 조선의 지배를 인정받았다. 일본은 러시아를 굴복시킨 뒤 대한제국에 그나마 영향력을

끼칠 수 있는 미국과 영국에
손을 쓴 것이다.

일본은 미국과 영국과의
거래를 끝낸 뒤 미국에 협상
중재를 맡겼다. 러시아에 이
기기는 했지만 2년에 걸쳐
19억 엔이 들어가 일본의 손
해도 막심했다. 당초 일본은

포츠머스 회담

1년간 4억5000만 엔 정도의 비용이 들 것으로 예상했었다. 러시아도 기
진맥진해져 미국의 중재를 바라는 입장이 됐다.

9월 미국 포츠머스에서 러일강화 협상이 시작됐다. 미국의 루스벨트
대통령이 나서 러시아와 일본의 강화 협상 중재에 나섰다.

승자인 일본은 러시아가 대한제국에 대해 갖고 있던 모든 권리를 넘겨
받고 여순과 대련의 조차권과 장춘 이남의 철도 부설권, 사할린섬에 대한
권리를 갖기로 했다. 동해와 오호츠크해, 베링해의 어업권도 일본이 가져
갔다. 루스벨트 대통령은 강화 협상을 성공시켰다는 이유로 미국인으로
는 처음으로 노벨평화상까지 받았다.

일본은 포츠머스 협상으로 당당하게 조선에 대한 배타적 이익을 챙긴
뒤 한일 강제병합을 일사천리로 진행했다.

포츠머스강화조약에서 일본이 전쟁 배상금을 한 푼도 받지 못했다는
사실이 알려지자 일본인들은 폭동을 일으켰다. 러시아와의 전쟁에서 이
기기만 하면 뭐든 다해줄 것 같이 말한 일본 정부가 배상금을 나눠주지
않자 그동안 내핍을 참았던 일본인들이 방화와 약탈을 저질렀다. 일본 정

...
루스벨트 대통령

부는 내부의 불만 세력을 한반도로 진출시켜 해소하려고 했다.

일본은 러시아와의 혈전을 앞두고 미국 루스벨트 대통령의 도움을 크게 받았다. 루스벨트의 주선으로 카네기 철강회사와 JP모건 금융회사 등을 통해 전쟁비용 약 7억 엔을 조달한 것이다. 고종황제가 1905년 을사늑약 이후 헐버트를 미국에 보내 루스벨트 대통령에게 도움을 호소하는 친서를 전달하려 했지만 이미 미국은 일본 쪽으로 완전히 기울어 있었다.

드디어 고국의 품으로 돌아오다

다나카 미쓰아키는 경천사십층석탑의 반환을 요구한 데라우치 총독이 일본 정부의 총리대신으로 승진하면서 난처하게 됐다. 데라우치 마사타케는 조슈 출신 군벌 중 실세였다. 조슈 출신의 이토 히로부미는 1909년 일본 정부의 가쓰라 다로 총리가 한국 병합을 결정함에 따라 조선통감을 사임했는데 이 때의 가쓰라도 조슈 출신이었다. 다나카 미쓰아키는 도사 번 출신이지만 다카스기 신사쿠의 제자가 되어 조슈 번을 위해 일했다. 다카스기 신사쿠는 정한론을 주장한 일본 극우주의자 요시다 쇼인의 제자다. 이토 히로부미가 역사カ±들로 이뤄진 민병대를 조직했을 때 그 중 한 명이 다나카 미쓰아키였다. 메이지 유신 이후 조슈 출신이 권력을 장악하다시피 했다.

다나카는 보신전쟁과 세이난 전쟁에서 활약한 공을 인정받아 육군 소장, 내각 서기장관, 경시총감 등 요직을 거쳐 궁내대신이 됐다. 메이지 유신 이후 궁정에서 권력을 휘두른 한 사람이었다.

1916년 부임한 하세가와 요시미치 조선총독이 거듭 반환을 요구하자 다나카는 1918년에서야 마지못해 경천사십층석탑을 돌려주었다. 경천사십층석탑은 해체된 상태로 고국에 돌아왔다. 탑재들이 서울에 되돌아왔을 때는 도저히 다시 복원할 수 없을 정도로 심각하게 파손된 상태였다. 일본인 약탈자들이 경천사 절터에서 서둘러 해체할 때 마구잡이로 한데다 그 후 일본으로 운반되는 과정 등에서 함부로 다뤄졌기 때문이다. 수십 개의 조각으로 나뉜 석탑의 파손은 극심했다. 광복 때까지 경복궁 근정전 회랑에 방치되었다가 1959년 경복궁 내 전통공예관 앞에 세워졌다. 1962년 12월에 가서 국보 제86호로 지정됐다.

전문가들은 이때의 석탑 보수가 부실했다고 평가하고 있다. 훼손된 부분을 시멘트로 보수했고 산성비 등으로 마모 정도가 심각했다. 1995년 국립문화재연구소는 탑을 다시 해체하여 10년에 걸쳐 보존, 복원 작업을 했다. 파편 천여 개, 소편 200개에 가까운 탑이 가까스로 옛 모습을 거의 찾았다.

2005년 복원된 경천사십층석탑은 현재 서울 용산 국립중앙박물관 로비에 세워졌다.

못내 아쉬운 점은 경복궁에 전시될 때까지만 해도 있었던 맨 꼭대기 상륜부가 용산으로 옮겨지면서 사라졌다는 것이다. 불탑에서 상륜부는 전체를 아우르는 중요한 의미가 압축된 부분인데 사라져 버린 것이다. 진정한 불탑은 석가모니의 사리를 탑 안에 봉안하고, 탑 맨 꼭대기의 머리

장식인 상륜相輪을 갖추고 있어야 한다. 일반적인 탑에서 찰주刹柱라고 하는 쇠막대기에 바퀴 모양의 돌로 된 장식을 층층이 끼우는 것이다. 언뜻 보면 피뢰침처럼 보이지만 사실은 불탑에 있어서 핵심적인 부분이다. 그런데 경천사십층석탑에서 몇 년 전까지만 해도 갖추고 있었던 짧은 상륜부와 마지막 층 탑신석과 옥개석 등이 한국에서 없어졌다. 일제강점기라는 어려움 속에서도 살아남았는데 정작 우리나라에 와서 온전히 보존되지 못했다는 게 안타까울 뿐이다.

경복궁 전시 때의 경천사탑(왼쪽) 상륜부와 현재 경천사탑의 상륜부

둘을 비교해 보면 완전히 다르다. 한국에서 이런 손실이 발생해 더욱 안타깝다.

고려 금속활자

고려 금속활자(일명 증도가자)

2017년 4월 13일 오후 서울 종로구 국립고궁박물관 기자 간담회장.

"심의 결과는 부결입니다. 여러 가지 과학적인 분석 결과 '증도가자'는 아닌 것으로 확인됐기 때문에 이번에 부결 처리하게 된 것입니다."

간담회장에 모여든 기자들은 문화재청의 발표를 숨죽여 기다리다 부결 발표를 듣자 크게 술렁였다. 문화재위원들이 고려 '증도가자'로 추정된 금속활자를 심의한 결과 보물로 지정할 수 없다고 만장일치로 결론지었고, 문화재청이 이를 발표한 것이었다. 문화재청의 발표를 듣자마자 기자들은 숨 가쁘게 이를 속보로 보도했다.

'증도가자'란 무엇인가. 다소 복잡하지만 세계사적으로 매우 중요한 문제라 주의를 기울여 읽어봐야 한다.

'증도가자證道歌字'는 고려 시대 때 '증도가', 즉 『남명천화상송증도가南明泉和尙頌證道歌』란 책을 찍어낸 금속활자를 편의상 부르기 위해 붙인 이름이다.

『남명천화상송증도가』는 당나라 승려인 현각이 6조 혜능을 배알한 뒤 깨달은 바를 노래한 '증도가'에 송나라 남명 법천선사가 계송을 붙여 펴낸 선종禪宗의 고전이다.

고려 시대에 인쇄된 책 『남명천화상송증도가』(이하 '증도가')는 1984년 보물 제758-1로 이미 지정됐다. 삼성출판박물관이 이를 소장하고 있어 역시 편의상 '삼성본'이라 부르고 있었고 공인박물관 소장본이 보물 제758-2로 2012년에 추가로 지정되어 있다.

'증도가자'에 대한 논란은 10년 전인 2010년 당시 한국서지학회 회장인 남권희 경북대 문헌정보학과 교수의 발표로 시작됐다. 남 교수는 고려 당시 '증도가'를 찍었을 때 사용했다며 12점의 금속활자(이하 '증도가자')를 공개했다.

'증도가'는 고려 고종 때인 1239년에 인쇄됐는데, 이전에 금속활자로 찍은 '증도가'를 다시 목판에 새긴 뒤 찍은 번각본으로 알려져 있었다. 번각본이란 금속활자로 인쇄된 종이를 나무판에 그대로 붙여 글자를 파내 목판본을 만든다. 목판 위에 새긴 글자 위에 먹을 발라 찍어내는 것을 말한다. 빠른 시간 내에 대량으로 찍어낼 수 있는 목판인쇄 방법이다.

목판인쇄는 넓은 나무판 위에 글자를 새겨 넣어 찍어내는 것이고, 목활자는 글자 하나를 나무 하나에 새겨 전체 내용에 따라 조합해 찍어내는 것을 말한다. 금속활자는 글자 하나하나를 쇳물을 부어 만들어 주조한다고 하며, 만들기가 어렵지만 한번 제작하면 반영구적으로 사용할 수 있는 획기적인 창조물이다.

남 교수의 주장에 따르면 고려 1239년 간행한 '증도가'의 금속활자가 나타났으니 세계사를 다시 고쳐 써야 하는 획기적인 대사건이었다.

1239년이란 연대는 '증도가자' 끝부분에 '중조주자본重彫鑄字本'이라고 기록되어 있고 기해년己亥年 9월이라는 부분이 있어 이를 뒷받침한다. 기해년은 1239년이다. 더욱이 당시 고려 무신 정권의 최고 실력자로 왕권을 넘어서는 최이崔怡가 이를 적어 사료적으로 연대를 더욱 확실히 할 수 있었다.

최이는 고려의 무신 정권을 연 최충헌의 아들로, 최우崔瑀라는 이름으로 더 잘 알려져 있다. 최이는 몽고의 침략을 당해 강화도로 천도를 감행했고 그가 만든 야별초는 나중에 삼별초로 확대된다. 최이는 1243년 외적을 물리치기 위해 불력에 의지한다는 뜻에서 대장경을 다시 만드는 일을 추진하기도 했다. 이에 앞서 1239년 '증도가'는 부처님의 힘으로 몽고군을 물리치기 위해 기존의 '증도가'를 다시 간행한 것으로 보인다. 최이는 이전의 '증도가'가 흩어져 구하기 힘들어졌기 때문에 이를 다시 인쇄해 배포한다고 밝혔다. 최이는 무신 정권의 수장이었지만 고려의 대표적인 문인인 이규보를 우대하는 등 문사적 소양도 있었다. 그랬기에 '증도가자'를 인쇄하면서 직접 발문까지 썼을 것이다.

세계 최초의 금속활자

세계 역사에는 고려 시대 때 인쇄한 '직지심체요절'이 세계 최초의 금속활자 인쇄본이다. 그러나 남 교수의 주장이 확실하다면 '증도가'를 제작한 금속활자가 이보다 최소 138년 앞서 제작된 세계 최초의 금속활자가 된다. 한국이 금속활자에 있어서 세계 최고最古라는 타이틀을 또 한 번 갈아치울 수 있는 세계사적인 일이다. 고려 시대 금속활자로 찍어낸 '직지심체요절'이 독일의 구텐베르크보다 앞섰다며 이미 타이틀을 거머쥐었는데, 금속활자본을 만든 '증도가자'는 또 한 번 한국의 금속활자 기술을 세계에 알릴 문명사적인 대사건이었다.

'직지심체요절'은 고려 때 청주 흥덕사라는 지역 사찰에서 찍어낸 인쇄본이었다. 이에 비해 '증도가자'는 고려 왕실에서 국가적으로 금속활자를 만들어 간행한 왕실 어용御用 활자였다. '증도가자'의 서체를 보면 역동적이면서도 아름다운 필체에 놀라게 된다.

'직지심체요절'은 세계 최고의 금속활자본이었지만 이를 뒷받침할 고려 금속활자가 나타나지 않아 아쉬움이 있었다. 그런데 고려의 금속활자 기술을 보여줄 수 있는 실제 유물이 나타났으니 학계가 흥분하지 않을 수 없었다.

그러나 일부에서는 가짜가 아니냐는 등 회의적인 반응을 보였다.

남 교수의 발표 후 '증도가자'를 소장하고 있던 D 측이 이에 대한 문화재 지정 신청을 추진하자 논란은 더 가열됐다. D는 고미술상으로, 이를 쳐다보는 학계의 시선이 곱지 않았다.

남권희 교수와 D와의 관계는 어떤 것인가. 관계자의 말을 빌리면, 몇 년 전 D 측에서 남권희 교수에게 "고려 금속활자 실물이 있으니 한번 봐 달라"고 했다는 것이다. 남 교수는 "고려 금속활자가 남아있을 리 없다"며 이를 거절했는데 거듭된 요청에 가볍게 응했다. 이때 남 교수의 눈길을 확 사로잡은 것은 밝을 명明을 새긴 금속활자였다. 조선 이후 지금까지 보편적으로 쓰고 있는 '明'자가 아니었다. 보통 쓰는 明자는 날일日변에 달월月이 붙지만 고려 시대나 그 이전에는 날일日 대신에 넉사㘈 안에 작은 입구口가 있는 글자를 썼는데 D 측이 가져온 금속활자에 바로 희귀한 '명'자가 있었던 것이다. 이 희귀한 명자를 아는 사람도 많지 않을뿐더러, 이를 위조하려면 대단한 지식과 기술이 있지 않으면 불가능했다.

D 측이 가져온 금속활자의 서체가 왕실에서 볼 수 있을 만큼 유려하면서도 힘이 있는 명필인 점이 진품이라고 여기게 했다. 명필이 쓴 글자

는 누군가 아무리 잘 베껴 쓰더라도 본래의 예술적 깊이는 똑같이 베껴 낼 수 없기 때문이다.

여러 정황으로 볼 때 고려 시대 금속활자라고 생각한 남 교수는 '증도가자'를 집중적으로 분석했다. 기존에 알려진 '증도가'의 글자와 D 측이 가져온 '증도가자'의 글씨체가 일치했다. 책 '증도가'의 끊을 단斷은 특히 독특한 서체를 보이는데 D 측이 가져온 금속활자(이하 '증도가자')에 같은 모양의 글자가 있었다. 이 같은 분석을 거쳐 남 교수는 '증도가자'가 고려 시대 '증도가'를 찍었던 금속활자라고 공식 발표했다.

남 교수의 놀랄만한 발표가 있자 KBS 역사스페셜이 발 빠르게 움직였다. '세계 최고 금속활자의 진실은?'이란 프로그램을 제작하면서 전문가 의견을 반영하고 과학적인 방법을 동원해 이를 검증하고자 했다. KBS 역사스페셜 제작진은 한국지질자원연구원에 금속활자에 묻어있던 먹을 채취해 탄소연대측정을 검사 의뢰했다. 고려 당시 인쇄하기 위해 활자에 잉크처럼 먹을 묻혔기 때문에 먹의 찌꺼기가 남아있었다. 먹은 나무를 태우고 그을음을 모아 아교 등을 섞어 만들기 때문에 탄소연대측정이 가능하며 정확도가 95% 이상으로 신뢰도가 가장 높다.

한국지질자원연구원은 먹에 대한 탄소연대를 측정한 결과 900년대 중반부터 1200년대 후반까지 존재했던 나무라고 결론을 지었다. '증도가자'에 쓰인 먹의 나무가 900년대 중반부터 1200년대 후반에 베어졌다는 연대 추정이었다. '증도가자' 인쇄가 1239년이니 충분히 가능한 연대로 나온 것이다.

KBS 역사스페셜 제작진은 또 일본의 탄소연대측정 전문기관인 팔레오 라보(Paleo Labo)에 '증도가자'에 남은 먹의 연대를 측정해달라고 의뢰했

···
금속활자 산덮을 '복'자의 앞면과 뒷면(국립중앙박물관 소장)

···
이마'전'자(조선중앙력사박물관 소장)

다. 결과는 930~1148년으로 나왔다. 금속활자에 묻은 먹마다 차이는 있지만 고려 시대에 만들어진 것임엔 틀림없었다.

출연한 연구자 2명이 가짜라는 주장을 폈지만, 프로그램을 보면 진품일 거라는 쪽으로 결론이 내려졌다.

이미 고려 금속활자 소장

사실 고려 시대 '증도가자'의 출현은 느닷없는 것은 아니었다. 국립중앙박물관에 소장된 고려 시대 금속활자인 '복'復이 이를 말해주고 있다. '복' 활자는 일제강점기 당시 이왕가박물관이 일본인으로부터 12원을 주고 사들여 소장하고 있었다. 광복후 이왕가박물관의 소장품이 국립중앙박물관으로 옮겨오면서 중요 소장품으로 상설 전시되고 있다. '복' 활자가 정식으로 학술발굴에 의해 발굴된 유물이 아닌데도 불구하고 고려시대 금속활자임은 인정하고 있는 상황이었다. 그리고 이 활자는 놀랄 만큼 새로이 발표된 금속활자인 증도가자와 서체와 형태가 일치하는 공통점이 많다. 단지 출토 시점이 오래되어 표면의 현상은 차이가 있다.

북한은 1956년 개성 만월대에서 고려 시대 금속활자 한 점을 발굴해 북한 조선중앙력사박물관이 이를 소장하고 있는데 이마 '전'자이다.

개성 만월대는 고려 왕조의 왕궁터. 송악산 남쪽에 위치한 만월대는 고려 당시 당당한 위엄을 갖추고 아래를 내려다보는 거대하고 웅장한 성채였다. 만월대는 고려 공민왕 때인 1361년 홍건적의 침입으로 불타버렸다. 북한은 만월대를 국보 122호로 지정했다.

국립중앙박물관과 조선중앙력사박물관이 각각 소장하고 있는 고려 시대 금속활자인 '복'과 '전'은 지금은 사용하지 않는 한자들이다.

세계 최고의 금속활자본인 『직지심체요절』이 고려 시대에 인쇄된 만큼 고려 시대 금속활자가 한반도에서 발굴될 가능성은 가장 높았다. 역사를 보더라도 고려 숙종 때인 1101년 서적포書籍鋪를 만들어 책을 찍어 널리 읽게 했다는 기록이 있다. 주화를 주조하기 위해 주전도감을 만들 정도로 주조기술이 뛰어난 고려인들이었다. 당시 만들어진 고려 주화(동전)

• • •
고려 금속활자 '밝을 명'

• • •
고려 때 주조된 해동통보

해동통보는 무늬가 세밀하면서도 정교하고 '해동통보'라는 글자도 디테일에 강하다. 고온에서 쇳물을 잘 뽑아내야할 뿐 아니라 글씨를 새기는 각자刻字, 잉크 역할을 하는 기름기 있는 먹, 이를 찍어낼 종이 제조 등이 함께 어우러져야 하는 첨단 기술이 필요한 일이었다.

남권희 교수의 발표가 있고 난 이듬해 2011년 D 측은 문화재청에 101점의 '증도가자'에 대한 보물 지정을 신청했다.

그러자 '증도가자'를 둘러싸고 진위 공방이 본격화됐다.

문화재청은 '증도가자'의 출처와 구입 경위가 불투명하고 좀 더 정교한 분석이 필요하다며 보물 지정을 보류했다.

세계적인 유물을 하루빨리 국가문화재로 지정해야 한다는 주장이 높아지자 문화재청 산하 국립문화재연구소는 '증도가자'에 대한 종합 연구 분석을 결정하고 이를 맡아 연구할 학술팀을 모집했다. 그러나 공교롭게도 남권희 교수가 포함된 경북대 연구팀이 유일하게 신청해 분석에 착수

했다. 경북대 연구팀은 '증도가자'와 국립중앙박물관이 소장한 '복'활자, 조선 시대 금속활자인 임진자[1772년]를 비교 분석한 결과 '증도가자'와 '복'활자의 금속 성분이 구리, 주석, 납으로 같다고 밝혔다. 조선 시대 금속활자인 임진자는 구리, 주석, 납 외에 아연이 포함돼 있었다. 고려 시대 금속활자와 조선 시대 금속활자의 주성분이 다른 것이다.

연구팀이 '증도가자'에 포함된 납 성분을 분석해보니 국내 옥천과 영남지방에서 캐낸 것으로 드러났다. 가짜를 위조하기 위해 약품처리 같은 것을 했는지 알아보기 위해 자외선 조사 등을 벌였다. 결론은 약품처리 같은 덧칠을 찾아볼 수 없다는 것이었다. '증도가자' 같은 청동유물은 다른 금속과 달리 내부에서 부식되어 파라타카마이트[일명 '청동병']가 생긴다. 겉은 멀쩡해 보이는데 안이 녹이 슬어 부슬거리는 것이다. '증도가자'에서 파라타카마이트가 발견된 것이다. 만약 오래돼 녹슨 것처럼 보이기 위해 염산 등에 넣었다면 겉만 부식되어 부슬거리고 안은 멀쩡하다는 설명이다. 가짜는 겉만 녹슨 것처럼 보이지만 안은 멀쩡하고, 오래된 유물은 겉은 괜찮아 보이지만 안이 녹슬어 부슬거리는 반대의 현상이 나타난다.

우리 스스로 세계적인 문화유산 부정

이런 가운데 범죄를 과학적으로 분석하는 국립과학수사연구원이 '증도가자'가 가짜라고 발표하는 일이 발생했다. 강원 원주시 국립과학수사연구원이 청주 고인쇄박물관이 소장하고 있는 고려시대 금속활자 7점 중 일부를 분석했다며 이같이 주장했다. 청주 고인쇄박물관이 소장하고 있는 금속활자 7점도 '증도가자'와 같은 것으로 알려져 있었다.

원주 국과수가 가짜라고 주장한 이유는 활자의 안과 밖이 다른 물질로 제작됐다는 것이다. 또 일부 활자 뒷면에서 땜질한 것 같은 흔적이 있다, 먹과 활자의 부자연스러운 경계선이 있는 것으로 보아 인위적으로 먹을 덧씌운 것 같다고 주장했다.

국과수의 발표가 나자 금속유물 전문가들은 "금속유물에 대해 전문성이 없는 기관이 함부로 나서 세계적인 문화유산에 먹칠을 했다"며 격한 반응을 보였다. 문화재 관계자들은 "국과수가 고도의 전문성을 필요로 하는 문화재의 진위 판정에 함부로 나섰다"며 들끓었다.

김대환 상명대 석좌교수에 따르면 고려 시대에 주조된 활자는 몇 백년 동안 흙 속에 묻혀있기 때문에 활자에 청동병이 생기고, 먹과 흙이 엉겨 있을 수밖에 없다는 것이다. 또 금속활자는 옛날에 주조한 뒤 땜질을 하는 경우도 있고, 현대처럼 전기와 기계로 재료를 균일하게 혼합하는 것이 아니었기 때문에 부위별로 구리 주석의 성분 비율이 다를 수밖에 없다고 교수신문 〈문화재칼럼〉에서 주장했다.

국과수의 가짜 주장이 나오자, 일부 연구자들은 "청동을 염산 등에 넣어 부식된 것처럼 만들 수 있다", "옛날 먹을 현대에 만든 금속활자에 묻혀 오래된 것처럼 보이게 한다"고 말했다.

고려 금속활자에 대해 오래 연구한 전문가는 "북한에서 고려 금속활자를 가짜로 만들어 파는 경우가 있지만 청동이 없기 때문에 기존에 있던 상평통보를 녹이거나 놋대야를 녹여서 만든다"고 말했다. 염산에 담근 뒤 진흙 같은 것을 묻혀 판다는 것이다. 그러나 약품으로 녹슨 것처럼 위조한 것은 겉만 녹이 슬어 오래된 것과 구별된다.

고려 금속활자 전문가는 "요즘 염산에 담근 가짜 금속활자는 혀를 대보면 산 때문에 찌르는 듯 아린다"며 "이에 비해 고려 시대에 만든 금속

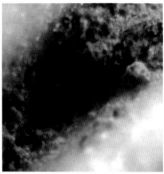

...
고려 금속활자의 획 사이에 흙과 먹이 자연스럽게 엉켜진 상태(현미경200배)

활자는 혀를 대면 달라붙는다"고 말했다. '증도가자'를 직접 눈으로 본 이 연구자는 "고려 금속활자랍시고 가짜를 만들어 가마니로 파는 경우도 있지만, 문화재청에 보물 신청을 한 '증도가자'는 고려 시대 금속활자가 확실하다"고 밝혔다. 가짜를 만들어 오래된 먹을 묻힌다고 하지만 고려나 송나라 당시 만들어진 먹을 구하기는 거의 불가능하기 때문에 가짜에 칠한다는 것은 상상에 불과하다. 그리고 나중에 인위적으로 칠한 먹과 애당초 칠해진 먹이 오랜 기간 땅속에서 흙과 자연스럽게 엉켜진 상태는 확연히 다르기 때문에 구별하기도 쉽다.

개성 만월대에서 고려 금속활자 발굴

'증도가자' 논란은 2015년 11월 '남북한 개성 만월대 합동발굴단'이 고려 금속활자 한 점을 발굴하면서 새로운 국면을 맞았다.

남북학술교류 차원에서 만월대를 남북한 학자들이 공동 발굴하고 있었는데 금속활자 한 점을 찾아낸 것이다. 발굴단은 금속활자를 만월대의 신봉문 남쪽 255m 지점에서 발견했고 활자 뒷면에 홈이 파진 것 등으로 보아 고려 금속활자가 맞다고 확인했다. 논란을 빗고 있던 '증도가자'와 크기와 무게가 비슷하고 뒤에 반구형 홈이 파진 것도 같았다.

고려 왕실에서 사용한 어용 활자인 '증도가자'의 존재 가능성을 한층 높인 발견이었다. 이번에야말로 출처가 분명한 고려 금속활자의 발견이라며 관련자들은 국보급 발굴이라며 들떴다.

남북한 공동 발굴단의 금속활자 발굴은 모호했던 역사의 고리를 이어준 발굴이었다. 『직지심체요절』은 고려 당시 지역 사찰이던 흥덕사에서 금속활자로 찍은 것이다. 지역 사찰이 금속활자를 마련해 책을 찍어낼 정도였다면 왕실의 금속활자 인쇄 간행 시스템은 얼마나 더 강력하고 체계적이었는지 충분히 짐작할 수 있다. 다만 고려 금속활자로 찍은 최고^{最古}의 책은 있지만 그 책들을 찍은 활자의 존재가 없어 아쉬웠을 따름이다.

고려 왕궁인 만월대 신봉문 부근에 금속활자를 만들거나 이를 보관한 주자소가 있었는데 홍건적의 침입으로 궁이 불타면서 내려앉은 것으로 보인다. 남북조사단이 금속활자를 발견한 것도 깊은 땅 속이 아니라 신봉

••• **개성 만월대에서 새로 출토된 고려 금속활자**(남북역사학자협의회 제공)

문 부근 교란층이었다. 고려 왕실이 관리한 금속활자들은 만월대 화재로 흙 속에 묻혀 수백 년을 기다렸던 것이다.

그러나 남북한 공동발굴단의 남측 대표였던 최광식 고려대 교수는 발굴된 금속활자가 '증도가자'는 아니라고 선을 딱 그었다. 일부에선 '증도가자'가 개성 만월대에서 나온 것이라고 추정하고 있는 상황이었다.

다시 2017년 4월 13일로 가보자.

"심의 결과는 부결입니다. 여러 가지 과학적인 분석 결과 '증도가자'는 아닌 것으로 확인됐기 때문에 이번에 부결 처리하게 된 것입니다."

문화재청은 '증도가자'에 대한 문화재 지정 심의를 의뢰한 문화재위원회가 부결 판정을 내렸다고 발표했다. 문화재위원회는 서체 비교와 조판 검증 결과, '증도가자'는 증도가를 인쇄한 활자로 보기 어렵다고 밝혔다. 출처나 입수 경위가 분명하지 않다는 이유도 덧붙였다. 다만 '증도가자'의 성분 분석 결과 제작 시기를 특정할 수는 없지만, 청동 재질로 오래된 금속활자일 가능성은 있다고 했다.

'증도가자'의 국가문화재 지정을 촉구하는 문화재 연구자들은 "국립중앙박물관에 소장된 유물 중 상당수는 일제강점기 때 것으로, 출처나 입수 경위가 불분명한 유물이 많다"며 문화재위원회의 결정에 분통을 터뜨렸다.

전문가들은 "'증도가자'를 문화재로 지정하지 않으면 세계적인 유물이 외국으로 팔려나가도 막을 방법이 없다"며 답답해하고 있다. 국가 문화재로 지정될 경우 개인이 소장하거나 박물관에서 소장하고 있어도 국가의 관리를 받기 때문에 우리 문화유산으로 남을 수 있다.

문화재위원회는 왜 굳이 보류 대신 부결을 결정했을까.

'증도가자'가 북한에서 도굴된 것으로, 이를 남한에서 사들여 보물로 지정할 경우 문제가 생길 수 있다는 우려를 한 것 같다.

D 측에선 '증도가자'가 일제강점기 때 나온 것이라 주장했지만 일부에선 광복 이후 만월대에서 암암리에 도굴한 것으로 보는 이도 적지 않다. 북한이 도굴품을 보물로 지정했다며 남한을 비난하고 반환할 것을 압박할 수도 있을 것이다.

일요신문은 '증도가자'의 부결 발표와 관련된 특종을 보도했다. 2017년 4월 문화재청이 심의 부결을 발표하기 직전 열렸던 문화재위원들의 회의 속기록을 입수해 단독 보도했다. 이에 따르면 일부 문화재위원이 심의 부결을 하면 '증도가자'를 내다 팔아도 어쩔 도리가 없다며 보류로 할 것을 제안했다. 일요신문은 하지만 문화재청 관계자의 개입이 있었는지 서둘러 부결로 결론지었다며 의혹을 제기했다. 이에 대해 문화재청은 문화재위원회의 결정에 개입할 수도 없고 개입하지도 않았다며 이를 부인했다.

이후 '증도가자' 진위 논란은 국회에서도 이어졌다.

유성엽 국회 교육문화체육관광위원장은 2017년 10월 16일 열린 문화재청 국정감사에서 "세계최고의 금속활자본인 『직지심경』보다 130여 년 앞선 '증도가자'의 보물 지정 심의 과정을 보면 부결 쪽으로 몰고 가려고 (문화재청이) 안달을 부린 흔적이 역력하다"고 주장했다. 유성엽 위원장은 "관련 전문가들의 파벌과 알력에 의해 부결 쪽으로 몰고 갔다"고 질타했다.

2019년 10월 7일 국회 문화체육관광부 국정감사에서도 '증도가자' 부

고려 '단산오옥'명 먹(보물 제1880호)

결에 대한 지적이 나왔다.

더불어민주당 정세균 의원(현 국무총리)은 "증도가자 보물 심의 부결 과정에서 부족한 부분이 있고, 명쾌하지 않은 부분이 있었다"며 "당시 문화재위원회 속기록을 보면 증도가자의 해외 유출을 걱정하는 의견과 고려 시대 금속활자가 아니라는 증거가 없다는 주장이 제기됐다"고 지적했다. 정세균 의원은 금속·서예·조판組版(판에 활자를 맞춰서 짜 넣는 작업)·주조鑄造(녹인 쇠붙이를 거푸집에 넣어 만듦) 분야의 국내외 전문가가 참여하는 특별위원회를 구성해 심의 과정과 문화재 가치를 다시 검토해야 한다고 주장했다. 정세균 의원은 "고려 금속활자일 가능성이 있는 유물을 방치하는 것은 적절하지 않다"고 지적했다.

최근에는 고서古書 전문 학자인 박상국 동국대 석좌교수가 한발 더 나아간 주장을 펼쳤다.

보물로 지정된 『남명천화상송증도가(증도가자)』가 금속활자본을 번각한 목판본 책이 아니라 금속활자로 찍은 금속활자본이라고 주장했다. 세계 최고로 알려진 『직지심체요절』보다 138년 앞선 1239년에 금속활자로 간행된 책이라는 것이다.

불교서지학자이자 고려 대장경 연구자인 박 교수는 문화재관리국에서 문화재 전문위원을 했고, 문화재위원회 문화재위원 등을 지냈다.

박 교수의 주장이 받아들여질 경우 '증도가자'라는 금속활자 실물이 확인되고 이를 증명할 활자본이 있어 한국 인쇄 기술의 완벽한 고증이 될 수 있는 상황이다.

'증도가'를 찍은 대표적인 인쇄본으로 삼성출판박물관이 소장한 '삼성본'이 있고, 공인박물관이 소장한 '공인본'이 있다. 박 교수는 두 점을 면밀히 조사한 결과, 판본이 완전히 다르다고 했다. 광곽도 다르고, 글자 자체도 다르다고 주장했다.

기존에는 '공인본'도 목판본으로 알고 있었지만 금속활자로 인쇄했을 경우 나타나는 증거들이 확실히 발견됐다고 했다. 즉 금속활자를 찍을 때 보이는 쇠똥, 너덜이, 뒤집힌 글자, 가필한 흔적(목판에 비해 먹이 잘 묻지 않아 흐리게 찍힌 부분만 살짝 진하게 칠하는 것) 등이 보였다는 설명이다.

박 교수에 따르면 공인본이 금속활자본으로 먼저 찍은 것으로, 이를 번각해 찍은 것이 삼성본이다. 삼성본을 간행하면서 원래 금속활자본인 공인본에 있던 최이의 발문까지 그대로 찍혀왔다는 주장이다. 그 바람에 번각본인 삼성본의 간행 연도를 1239년으로 착각하게 된 것이다. 2012년

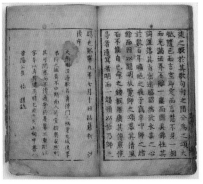

『증도가』 공인본

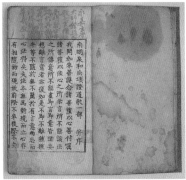

『증도가』 삼성본

보물로 지정된 공인본에 최이의 발문이 있어 삼성본과 동일한 번각본으로 판단하였다는 설명이다. 즉 최이의 발문은 1239년 번각본으로 인쇄했다는 뜻이 아니라, 1239년 기존의 주자본을 '다시 주자본으로 간행하였다'는 것이다. 박 교수는 "최고 실력자였던 최이가 당시로서는 제일 쉬운 번각본(요즘으로 치자면 복사본)에 직접 발문을 써줬겠는가"라고 반문했다.

박 교수의 주장이 사실로 밝혀지면 세계 최초의 금속활자본이 『직지심경』에서 『증도가자』 공인본으로 바뀌면서 제작 시기도 한 세기 이상 빨라지는 것이다.

금속활자는 문명의 꽃

정유재란 당시 왜군 총사령관이었던 우키다 히데이에는 조선 경복궁의 교서관校書館 주자소를 쳐들어가 금속활자 20만 자와 인쇄 기구, 조선 서적과 중국 서적을 약탈해 도요토미 히데요시에게 바쳤다. 일본군은 금속활자뿐 아니라 조선의 불교 사찰에서 불경을 찍어내며 사용한 목활자

도 약탈해갔는데 이 활자들은 이후 막부 시대에 일본 인쇄 문화 발전에 결정적인 영향을 미쳤다.

독일의 구텐베르크가 발명한 금속활자에 서구인들이 각별한 관심과 의의를 부여하는 이유가 있다. 구텐베르크의 금속활자로 대량 인쇄가 신속하고 저렴하게 이뤄졌던 것이다. 극히 소수만이 독점하던 지식과 정보가 금속활자를 통해 민주화를 이루게 된 것이다. 구텐베르크의 금속활자로 찍어낸 마틴 루터의 95개조 반박문은 유럽의 종교개혁을 불러왔다. 종교개혁은 산업혁명을 이끌고 근대 이후 서구의 현재를 가능하게 한 수레바퀴였다. 그만큼 금속활자는 매체의 지각변동이었고 문명사의 혁명이었다.

고려의 금속활자는 세계 최초의 매체 혁명이었다.

세계 최초로 매체 혁명을 이룬 우리나라의 금속활자는 말할 수 없이 중요하다. 우리 스스로가 세계사적 의미를 가진 유물과 문화 대국의 긍지를 내버리는 일이 없기를 바란다.

부소산 백제 불상

백제 금동반가사유상 (전 부여 부소산성 출토)

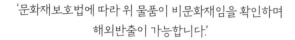

'문화재보호법에 따라 위 물품이 비문화재임을 확인하며
해외반출이 가능합니다.'

2018년 9월 초.

인천국제공항을 통해 일본으로 가려던 최모 씨는 이 한 장의 확인서를 들고 한숨을 내쉬었다. 인천공항에 상주하는 공항·항만문화재 감정위원을 통해 받은 확인서였다. 최 씨가 일본으로 가져가려는 '비문화재'는 바로 부여 부소산에서 발견된 백제 금동반가사유상이었다. 금동반가사유상을 산 지 20년 동안 국보급 문화재라고 생각하고 이를 입증하기 위해 백방으로 뛰어다닌 그였지만 문화재 당국으로부터 이른바 '가짜'라는 확인서를 받고 나가야 하는 심정이 착잡하기만 했다.

백제 금동반가사유상의 사연은 1993년 부여 부소산성 부근에서 택시 기사가 발견하면서 시작됐다.

불자였던 택시 기사 유모 씨는 어느 날 독실한 불자였던 어머니로부터 신기한 말을 들었다. "꿈에 조상님이 나타나셨는데 부소산에 올라가 보라고 하셨다. 뭔가 좋은 일이 있을 것 같으니 한번 올라가 보거라." 유 씨는 어머니의 말을 듣고 부소산에 올라가 보았다. 평소에도 다니던 등산로였는데 그 날따라 묵직한 흙덩이가 보였다. 두근거리는 마음을 진정하며 흙덩이를 가져와 씻어보니 금빛이 찬란한 금동 불상이었다. 유 씨는 진짜 금일까 싶어 뒤쪽 아랫부분을 돌로 쳐보았다. 그러자 뚝하는 소리와 함께 아랫부분이 조금 떨어져 나갔다.

유 씨가 금동 불상을 집에 모셔두자 주변에 소문이 퍼져나갔다. 문화재는 당국에 신고해야 한다는 말을 들은 유 씨는 다음 해 부여박물관을 찾아갔다. 부여박물관 관계자는 깜짝 놀라 국립중앙박물관에 이 사실을 보고했다. 국립중앙박물관의 고위급 관계자가 달려왔다. 그러나 금동반가사유상을 살펴본 관계자는 그동안 백제 금동반가상은 출토되지 않았다며 고개를 갸우뚱했다. 서울로 올라와 국립중앙박물관의 공식 감정을 받은 불상은 결국 가짜라는 판정을 받았다. 가짜로 판명 났기 때문에 처음 불상을 주운 유 씨의 소유가 되었다.

유 씨가 부소산에서 발견한 금동반가사유상에 대한 소문은 서울 장안동에서 고미술상을 하는 백모 씨의 귀에 들어갔다. 그는 고미술상 중에서도 금속 유물에 대해 비교적 정확한 눈을 가지고 있다고 자부했다. 금동반가사유상이 가짜로 결론이 나 유 씨에게 되돌아왔다는 기사를 읽은 그는 바로 유 씨를 찾아갔다. "가짜라고 하니까 나에게 넘겨주시오." 백 씨는 자신에게 팔라고 했지만 유 씨는 "화가 나 백마강에 던져 버렸다"며 씩씩거렸다. 백 씨는 유 씨에게 술을 권하며 어차피 가짜라서 딴 데 팔지 못하니 자신에게 넘기라고 구슬렸다. 그 후 백씨는 부여를 몇 차례 더 오가며 유 씨를 설득했다.

그러던 어느 날 유 씨가 금동반가사유상을 처음으로 보여줬다. 금동 반가사유상을 찬찬히 살펴본 백 씨는 진품임을 더욱 확신하게 되었다. 유 씨가 진짜 금인지 알아보려고 내려친 부분이 동강 잘려나갔기 때문이 다. 최근에 모조품으로 만든 금동이라면 부러지지 않고 구부러졌을 것이 었다. 1500년이란 시간이 흐르면서 금속 내부의 결집력이 약해져 나타난 현상이었다. 나이 든 사람의 뼈가 골다공증이 생겨 잘 부러지는 것과 비 슷하다고 할까. 백 씨는 속으로 진짜로만 인정받으면 국보감이라는 확신 이 들었다. 백 씨는 유 씨에게 상당한 금액을 주고 금동반가사유상을 넘 겨받았다.

이때부터 백 씨는 전문가들을 찾아다녔다.

국내서 귀한 백제 금동반가사유상

불교 미술 전문가인 정영호 당시 교원대 교수(문화재위원 역임)는 처음 백 제 금동반가사유상을 보고 깜짝 놀랐다. 백제 금동반가사유상은 처음이 었기 때문이다. 무엇보다 황금빛이 찬란한 데다 백제의 깊이 있는 우아함 과 아름다움을 갖춘 반가사유상이었다.

삼국시대 불상의 대다수가 근엄한 얼굴이지만 부소산에서 발견된 금 동반가사유상은 개구쟁이와 같은 미소를 띠었다. 현실의 고뇌를 뛰어넘 고 이 세상의 이치를 깨달아 웃을 수밖에 없는 탈속의 얼굴이었다. 반가 사유상은 석가모니가 왕자였던 시절 중생을 구제하기 위해 깊은 생각에 잠겨(사유) 반가좌부(반가)한 모습을 형상화한 것이다.

반가사유상은 등받이가 없는 의자에 앉아 한쪽 다리를 무릎에 올려놓 은 모습이기 때문에 비례와 대칭 등 전체적인 조화가 유려하면서도 예술

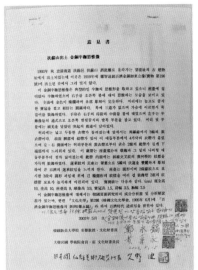

황수영 박사, 정영호 박사, 구보 박사의 소견서와 한국문화사학 3호

적으로 뛰어나다. 한쪽 다리를 올려놓은 동적인 자세가 잘 표현되면서도 성인聖人의 우주적 사유의 순간을 절묘하게 포착해야 한다. 반가사유상은 상대적으로 서 있는 입상이나 좌상보다 만들기가 어렵기 때문에 고난도의 예술적 기교가 필요하고 그만큼 희귀하다.

수준 높은 백제 고유의 미감으로 만들어진 금동 반가사유상이 1500년 만에 나타났으니 어찌 흥분하지 않을 수 있었겠는가.

한일전문가들이 진짜 주장

정 교수는 충청남도 부여에 내려가 처음 발견한 유 씨의 이야기를 듣고 출토지인 부소산을 직접 찾아가 보았다. 그러고는 한국문화사학회에

'백제 금동반가사유상의 신례新例'(1995년 6월호)라는 논문을 발표했다. 정 교수는 몇 가지 이유에서 이 불상이 진짜임을 주장했다. 첫째는 불상이 발견된 장소가 백제의 옛 왕궁터였다는 점이었다. 이전에도 부소산 일대에서 백제 유물이 많이 나와 이를 뒷받침했다. 대마도에 있는 금동반가사유상과 양식과 재료 면에서 같다고 주장했다.

백 씨는 전문 연구소(일본 국립나라문화재연구소)에 금동불상의 성분분석까지 의뢰해 오래된 금속임을 밝혀냈다.

이를 근거로 국립중앙박물관에 금동 불상에 대한 감정을 다시 해달라고 요청했다. 그러나 또 다시 가짜라는 판정을 받았다. 실의에 빠진 백 씨는 백제 반가사유상을 어느 기업가에게 넘겨버렸다. 문화재에 큰 관심이나 기호가 없이 우연한 기회에 백제 반가사유상을 손에 넣게 된 기업가 최 모씨의 여정도 순탄치 않았다.

최 씨도 우선 부소산 금동반가사유상이 진품임을 입증하기 위해 전문가들을 찾아 나섰다. 2002년에는 국립박물관장을 지낸 황수영 박사에게 진품이라는 소견서까지 받았다. 더 나아가 일본에서 고대 불상 연구자로 유명한 구노 다케시 박사(久野健 도쿄국립문화재연구소 명예연구원)에게 진품이라는 소견서를 받았다. 구노 박사는 이 불상에 대해 〈불교예술〉이란 전문지에 글을 실었는데, 〈불교예술〉은 1929년 나이토 교수가 안견의 〈몽유도원도〉를 확인한 뒤 논문을 싣기도 했다. 구노 박사 역시 처음 부소산 금동반가사유상을 보고 놀랐다고 한다. 그는 한국문화사학회에 낸 논문(2003년 12월)을 통해 이같이 밝혔다.

'이 불상을 처음 보면서 그 아름다움에 놀랐다. 도금의 황금 발색은 고대 조선 특유의 것

구노 다케시 박사와 부소산 금동반가사유상이 소개된 일본 학술지

이라 감탄했다. 두 눈은 가늘고 미소를 띤 듯 입술도 품위 있는 모양으로 빨간 채색이 조금 남아 있었다. 머리 뒤를 보면 보게(상투)가 없는데 이는 일본 호류지 관음상과 같다. 머리 뒷면 중앙에는 본래 광배가 있었던 흔적이 남아 있었다. 가짜 금동불인 경우 광배를 붙였던 돌기가 없는 게 보통이다. 이 불상은 한국 고대 불교 조각사에서 중요할 뿐 아니라 일본의 아스카, 나라시대의 불상 조각사에도 중요한 유물이라고 생각한다.'

최 씨는 일본 국립나라문화재연구소에 성분 분석을 의뢰해, 한반도에서 건너간 일본의 고대 국보를 소장중인 정창원의 동銅 제품과 가깝다는 소견서도 받았다.

최 씨는 한일 전문가들의 소견을 받아 2015년 문화재청에 재감정을 신청했다.

문화재청이 감정을 위촉한 감정위원들은 '뒷면에 새겨진 문양은 한국 고대 반가사유상에서 찾아보기 어려운 표현이다', '자연스레 녹슨 것이 아닌 것으로 보인다. 인위적으로 약품처리를 한 것으로 보이므로 문화재

메트로폴리탄 소장 백제 금동반가사유상(왼쪽)과 부소산 백제 금동반가사유상의 엄지발가락

로 지정하는 데 적합하지 않다'는 이유로 진품이 아니라고 재차 판정을
내렸다.

부소산 백제금동반가사유상이 다시 가짜 판정을 받은 것이다.

사업이 순조롭지 않아 재정적 어려움에 빠진 최 씨는 금동 불상마저
가짜 판정을 다시 받자 난감해하고 있는 것으로 알려졌다. 한국에선 가
짜로 몰렸기 때문에 팔 수 없다고 판단하자 일본이나 중국으로 가져가는
것을 모색 중인 것으로 알려졌다. 2018년 9월 인천공항에서 문화재가 아
니라는 웃지 못할 확인서를 받은 것도 일본으로 부소산 백제금동반가사
유상을 들고 나가기 위함이었다.

2018년 부소산 백제금동반가사유상을 직접 본 김대환 상명대 석좌교
수는 당시의 감동을 이렇게 전했다.

'최근에 필자는 지인을 통하여 희소식을 접하게 됐다. 행방이 묘연했던 부소산에서 출토된 백제금동반가사유상이 아직 국내 소장가 손에 잘 보관돼있다는 것이었다. 그리고 20여 년 만에 다시 불상을 친견(實見)하게 됐다. 높이 19cm의 아담한 불상을 보는 순간 한동안 말문을 열지 못하고 눈을 떼지 못했다. 감격의 순간은 바로 이런 때일 것이다. 백제 금동반가사유상의 얼굴은 계란형으로 약간 올라간 눈꼬리와 기다란 눈썹, 아직도 붉은 입술의 엷은 미소는 삼국시대 불상의 공통분모인 근엄함이 사라지고 천진난만한 개구쟁이의 얼굴이 들어와 있다(첫 번째 위작일 수 없는 근거).

왼발 무릎 위에 걸친 오른발의 긴장한 엄지발가락(엄지발가락만 힘을 주어 올라와 있다. 백제불상으로 알려진 미국 메트로폴리탄미술관의 금동반가사유상 엄지발가락과 일치한다(두 번째 위작일 수 없는 근거). 머리 뒷면에는 광배(頭光)를 끼웠던 네모난 돌기의 흔적이 남아 있으며(세 번째 위작일 수 없는 근거) 불상의 속은 허리 부분까지는 청동으로 채워져 있고 하반신은 속이 비어있으며 도금을 하지 않아서 부분적으로 산화돼 있다. 불상의 재질에 대한 분석은 이미 국내외의 유명 기관에서 6~7세기의 금속으로 확인받은 바 있다.'

김 교수는 "최 씨에게 일본에서 전시는 하더라도 파는 것은 한국에서 한국 사람에게 팔라고 말했다"며 "이후 최 씨와 연락이 닿지 않아 답답한 마음"이라고 밝혔다.

일제강점기 당시 한국의 최고 예술품인 불상이 일본인들에게 어떻게 약탈당했는지 역사를 알면 가슴이 답답해진다. 일제강점기 때 불상 한 점을 지키기 위해 숱한 노력과 피땀을 흘렸는데 지금은 우리 불상을 스스로 저버리고 있는 상황이다.

문화재 전문가는 "외국에서 국보로 인정받고 있으면 억울하긴 하지만 차라리 우리 문화재가 살아는 있는 것"이라며 "부소산성 불상 같은 경우는 스스로 우리 문화재를 죽이는 일"이라고 분통을 터뜨렸다.

삼국시대 반가사유상은 불상의 형태 중에서도 빼어난 조형미를 자랑하는데 석가모니의 고뇌하는 극적인 순간을 가장 잘 묘사해 뛰어난 예술성을 보여준다. 국내에 현존하는 반가사유상은 약 40여 구가 전해진다. 명확하게 백제 시대에 제작된 금동반가사유상은 국내에 거의 남아 있지 않은 상황인데 금동 상태가 이처럼 좋은 것은 지금까지 알려진 게 없다.

일제강점기 때 어렵게 지킨 불상들

1930년경 평양경찰서에 황해도 곡산에서 특이하게 생긴 불상이 발견됐다는 정보가 접수됐다. 조선총독부는 불법적인 도굴을 막는답시고 법으로 이를 막았기 때문에 유물을 발견하면 곧바로 신고해야 했다. 신고를 알게 된 고등계 형사 나카무라 신자부로는 눈을 번득이며 발견 장소로 달려갔다. 나카무라 신자부로는 처음 불상을 발견해 신고한 자에게 400원을 주고 불상을 손에 넣었다. 당시 군수 월급이 70원 정도였고, 나카무라 본인의 월급도 20원 정도였으니 거금을 준 셈이었다.

평양에 거주하는 일본인 대다수는 고려청자나 낙랑유물 몇 점 정도는 가지고 있었다. 그만큼 도굴이 도처에서 저질러지고 이를 일본인들이 사들인 탓이다. 나카무라도 고려청자는 몇 점 가지고 있었지만 불상 같은 금속 유물에는 안목이 없었다. 그는 내심 큰 기대를 하고 우선 불상부터 확보한 뒤 큰손에게 팔 생각에 부풀었다. 자신이 아는 골동상들을 두루 찾아가 불상을 보였지만 모두 고개를 저었다.

골동상들은 불상이 너무 특이해서 조선 불상 같지 않다고 꺼려했다. 나카무라는 그 말을 듣고 앞이 캄캄했다. 거의 자신의 2년 치 월급을 주

125

고구려 **금동신묘명삼존불입상**(국보 제85호)

고 손에 넣은 불상인데 중국 불상 같다니 억장이 무너졌다. 당시 중국 불
상은 너무 흔해 일본인들에게 인기가 없었다.

　한 골동상은 "이 불상처럼 등에 광배를 지고 있는 불상은 처음이요. 이
런 형태의 불상은 중국 것이 많거든. 조선에서는 볼 수 없었는데"라며 떨
떠름하게 말했다. 나카무라는 기대를 버리지 않고 다른 골동상을 찾았지
만 비슷한 말만 들었다. 나카무라는 홧김에 불상을 내다 버릴까 하다 화
장실 창문에 팽개치듯 얹어두었다.

　그 때 나카무라 집에 아마이케가 들렀다. 아마이케는 서울 명동에서

커다란 가게를 차린 골동상으로, 일본 골동상들과도 거래를 하는 상인이었다. 일본 교토에 사는 거상인 야마나카와 줄을 대고, 조선에서 좋은 유물이 나오면 즉시 일본으로 빼돌렸다.

화장실에서 불상을 보고 깜짝 놀란 아마이케는 나카무라에게 수입한 경위를 물었다.

나카무라는 "귀한 불상인줄 알고 큰돈 주고 샀는데 글쎄 중국 불상이라잖아요"라며 씩씩 거렸다. 나카무라는 아마이케가 불상에 관심을 보이자 은근히 떠보았다.

"아마이케 상이 관심이 있으면 사실래요?"

아마이케는 속으로 기뻤지만 표정을 고치지 않고 값을 물었다.

"에잇 본전에 가져가세요."

마침 잘 됐다는 생각에 나카무라는 자신이 산 400원을 불렀다. 그러자 아마이케는 그 돈의 2배인 800원을 나카무라에게 내놓았다.

기쁜 마음으로 불상을 들고 온 아마이케는 이토 마키오에게 불상을 팔기로 마음먹었다. 이토 마키오는 동양제사 사장으로 고려청자를 수없이 모은 자였다. 아마이케는 이토에게 불상을 사두면 후회하지 않을 거라 설득해 3000원을 받았다.

얼마 후 이토 마키오의 집에 세키노 다다시가 방문했다. 도쿄제국대학의 조교수였던 세키노 다다시는 조선의 옛 건축물과 유물을 조사해 『한국 건축 조사보고』를 낸 일본인의 조선 문화재 약탈을 부추긴 장본인이었다. 이토 마키오는 마침 나타난 세키노에게 불상을 보이며 감정을 부탁했다. 불상을 세심하게 살펴보던 세키노는 소리를 질렀다.

"대단한 불상입니다!"

세키노 다다시의 말을 들은 이토가 환한 표정으로 바뀌며 다가앉았다.

"모두 중국 불상이라고 하던데요."

"출토지가 어디입니까?"

"황해도 곡산이라 들었어요."

금속유물은 도자기나 고서화같이 감상보다 문화사적 연구 자료로 쓰이기 때문에 출토지와 발굴 경위가 중요했다.

"그럴 겁니다. 이것은 고구려 불상입니다."

"네?"

"여기 있는 명문銘文을 보세요. 고구려 평원왕 13년(571년)에 주조한 불상입니다. 큰 행운을 잡으셨어요."

"그렇게 대단한 불상입니까?"

"대단하지요. 국보감입니다!"

세키노는 흥분해 소리쳤다. 세키노는 이토에게서 불상을 빌려 가 『조선미술사』에 사진과 함께 실으며 출토 경위와 가치에 대해 소개했다.

그동안 중국 불상으로 푸대접받던 불상은 금동신묘명삼존불입상(국보 제85호)이었다. 석가여래의 뒤에 배 모양의 광배가 붙고, 광배 아래 양쪽에도 협시불이 조각된 특이한 형태를 갖고 있다. 광배 뒷면에는 8줄의 명문이 있어 불상이 만들어진 연대와 제작 경위를 확증할 수 있었다. 불상에 새겨진 명문은 '다섯 명의 도반이 스승과 부모를 위하여 아미타불을 조성한다'는 내용이었다.

세키노의 감정과 해설이 알려지자 순식간에 골동상들이 금동삼존불입상에 관심을 갖기 시작했다. 불상의 가격은 10만원에서 15만원까지 치

솟았다.

흔히 고미술품 중에서 고려청자나 조선백자의 값이 높다고 생각한다. 그러나 대부분 불상의 값이 더 높다. 사찰의 대웅전에 있는 거대한 불상보다 10~40cm 정도의 소형 불상이 가장 비싸게 거래된다. 국보 83호인 금동미륵보살반가상은 1996년 미국 애틀랜타 올림픽 문화교류전에 전시되기 위해 보험 가액이 책정됐는데 5000만 달러였다고 한다. 지금 환율이라면 약 600억 원 정도에 달한다.

이처럼 작은 불상이 고려청자나 조선백자, 그림에 비해 고가에 거래되는 것은 희귀성과 예술성을 동시에 갖췄기 때문이다. 특히 한국 불상이 중국이나 일본 불상보다 더 귀하게 대접받고 높은 값을 받고 있다. 중국이나 일본이 넘볼 수 없는 예술성과 희귀성 때문이다. 일제강점기 때에도 중국 불상은 별로 값을 쳐주지 않았다. 일본의 국보 제1호도 우리 선조의 솜씨로 만들어진 '목조미륵보살반가사유상'인 것만 봐도 알 수 있다.

불상은 입상, 좌상, 반가상이 있는데 이중 고미술이라는 관점에서 가장 높이 평가하는 것은 반가상이다. 숫자가 적어 귀하고 탁월한 조형미를 갖추고 있어 전문가와 애호가들이 선호한다. 알듯말듯한 미소와 이 세상을 평화롭게 하는 자애로운 얼굴, 세밀하면서도 정확하고 동시에 살아있는 것 같은 손과 발의 모양, 움직이는 듯하면서도 흔들리지 않는 안정감이 절묘하게 표현되고 있기 때문이다. 인체의 균형미와 움직이는 동선이 적절하게 균형을 이뤄 고요하면서도 지루하지 않고 평온하면서도 나른하지 않는 절제미를 보여준다.

반가사유상은 진품이 아니라면 손의 자세, 발의 모양, 눈의 표정과 입가 미소까지 자연스럽지 못하다. 한곳이라도 불안하거나 균형을 이루지 못하면 진품이 아닌 것이고 이 때문에 반가상을 가짜로 만들기는 지극히 어렵다.

일본이 패망하자 조선에서 떵떵 거리며 살던 일본인들은 그동안 모았던 유물들을 헐값에 내놓고 도망가듯 귀국했다. 이토 마키오 역시 패망의 기미가 보이자 재빨리 가지고 있던 유물들을 헐값에 팔아버리고 도망쳤다. 부동산으로 거부가 된 장모 씨가 일본인들의 골동품을 헐값에 주워 담고 있었다.

광복 후 얼마되지 않아 평양에서 김동현이란 사람이 서울 마포 공덕동에 사는 장 씨를 찾아왔다. 김동현은 이토 마키오가 허겁지겁 팔아넘긴 유물의 상당수가 장 씨의 수중에 있는 것을 알고 찾아간 것이다. 장 씨는 초라한 차림의 김동현을 무시하듯 처다보다 고려청자와 조선백자, 불상 등을 보였다. 이윽고 장 씨가 다락방에서 오동나무 상자를 가져와 보자기를 풀었다.

"이토에게 도자기를 사면서 같이 산 불상인데 난 별 관심이 없어서."

'혹시'

순간 김동현은 『조선미술사』에 소개된 그 불상이 아닌가 싶어 가슴이 두근거렸다.

오동나무 상자 뚜껑이 열리자 금동삼존불입상이 드러났다. 바로 세키노 다다시가 소개했던 그 불상이었다.

"이 불상을 양보해 주시지요."

김동현은 그 자리에서 장 씨에게 불상을 넘기라고 말했다. 당시는 고미술품을 자신에게 팔라고 하는 말 대신 '양보해달라'는 점잖은 표현을 썼다.

금동미륵보살반가사유상(국보 제118호)

경성미술구락부(일제강점기 고미술경매회사)

"얼마나 주려오?"

"말씀해 보시지요."

장 씨는 김동현이 평양에서 피난을 내려와 집도 없이 세를 살고 있다는 정도만 알고 있었다. 돈이나 제대로 있으려나. 장 씨의 얼굴엔 미심쩍은 표정이 가득했다.

"2만5000원만 내시오."

당시로선 기와집 한 채 값이 조금 넘는 액수였다. 그러나 이토 마키오가 소장했을 때 이미 15만 원이었다. 그 내력을 모르는 장 씨는 자기 나름 크게 불렀다고 생각했다.

"알겠습니다."

예상을 깨고 김동현이 선뜻 사겠다고 하자 놀란 것은 장 씨였다. 장 씨는 불상을 넘긴 뒤에야 김동현이 금속 유물에 대해 대단한 전문가라는 사실을 알고 가슴을 쳤다.

한국전쟁에 살아남아 국보로 지정

김동현은 이때 넘겨받은 불상을 부산으로 피난 가면서 가슴에 품고 갔다. 피난 시절 어려움 속에서도 끝까지 팔지 않고 간직했고 1962년 국보 제85호로 지정받았다. 김동현은 이 불상을 45년 정도 자기 목숨처럼 지키다 고구려 금동반가사유상과 함께 1992년 호암미술관에 양도했다.

김동현 씨가 40년 넘게 지킨 고구려 금동반가사유상에 얽힌 이야기도 극적이다.

사실 김동현 씨는 1940년대 일본인들이 모여 사는 평양 남선동에서 화천당이란 골동 가게를 하고 있었다. 일본인 골동상들이 평양에 모여든 것은 1916년 이후였다. 세키노 다다시가 조선의 주요 고적과 고미술품을 조사한 뒤 '낙랑고분에 순금 보화가 무더기로 묻혀 있다'는 소문이 쫙 퍼졌다. 그때까지 개성과 강화도에서 도굴을 일삼으며 고려청자를 약탈하던 일본인들이 이번엔 평양으로 몰려들어 무덤을 마구 파헤쳤다.

김동현 씨는 어린 시절 평양 대동강 근처에서 살았는데 부근에 낙랑 귀족과 무사들이 남긴 천 수백 기의 무덤들이 있었다. 주변에 떨어진 화살촉과 기와 등을 보며 자라면서 금속 유물에 눈을 뜨게 됐다. 이후 일본인 골동 가게 점원으로 시작해 독립된 가게를 열었다.

1940년 어느 날 작업복 차림의 한국인이 보자기에 기와와 벽돌을 싸

가지고 김동현 씨의 가게를 찾아왔다. 펴보니 고구려 기와와 벽돌이었다.

"전 평천리 병기창에서 일하는 사람입니다. 며칠 전 버드나무 아래 있는 우물을 파다 이걸 발견했어요."

막걸리 값이나 벌어볼까 해서 가져온 그에게 김동현씨는 200원을 쥐어줬다. 병기창에서 힘들게 일해봐야 월급이 20원이었다. 사내는 화들짝 놀랐다.

"무슨 돈을 이렇게 많이?"

"값보다 더 드린 거요. 좋은 물건이 있으면 또 가져오시오."

며칠 뒤 사내가 다시 보자기를 들고 나타났다.

"기왓장과 벽돌 아래 있던 불상입니다. 녹도 많이 슬고 손도 떨어져 나가서 버릴까 하다 혹시 싶어서 가져왔어요."

그는 지난번에 값을 너무 후하게 받았다고 생각해 인사치레삼아 가져왔다. 흙과 녹으로 범벅인 불상을 보고 김동현 씨는 몸이 떨렸다. 구하기 힘든 고구려 반가사유상이었다.

김동현 씨는 친척 집을 돌면서까지 급히 돈을 빌려 거금 6000원을 쥐어줬다. 불상을 가져온 사람은 벌벌 떨며 거금을 받고는 사라졌다.

당시는 조선인이 귀한 불상을 가지고 있다고 소문 나면 순사에게 빼앗기는 일이 많았다. 김동현 씨는 쇠로 된 상자를 만든 다음 그 속에 고구려 불상을 넣고 아궁이 깊은 곳에 파묻었다. 김동현 씨는 평양박물관에 근무하는 친구에게 고구려 불상에 대해 은밀히 털어놓았다. 그러나 불상에 대한 소문은 불상 같은 금속유물에 열광하던 일본인 수집광들의 귀에도 들어갔다.

대구에 살던 대수장가 오구라 다케노스케가 여기서 등장한다. 오구라 다케노스케는 신라 금관과 가야 금관 등 국보급 금속 유물을 가장 많이 가진 자 중 한 사람이었다. 대수장가 오구라였지만 이치다 지로가 가진 백제 불상만 보면 샘이 나고 기가 죽었다.

이치다 지로가 가진 불상은 '니와세 불상'이라 불리며 60만 원까지 가격이 오른 걸작이었다.

니와세 불상도 굴곡진 이야기를 품고 있다.

1907년 무렵 충남 부여의 규암리에서 한 사람이 땅속에서 무쇠솥을 발견했는데 솥 안에 금빛이 나는 불상이 두 개나 들어있었다. 그는 우선 합장을 한 뒤 불상을 조심스레 꺼냈다. 두 불상은 형태와 크기가 달랐다. 큰 것은 높이가 28cm였고 작은 것은 21cm였다. 전쟁과 같은 위급한 상황을 맞아 불상을 안전하게 모시기 위해 무쇠솥에 넣고 파묻은 것으로 추정했다.

'백제미소보살'이라 불리는 걸작

부여 규암리에서 불상이 나왔다는 소문은 금세 퍼졌다. 그러자 부여에 파견된 통감부 소속의 헌병대가 불상을 빼앗았다. 나라의 물건이기 때문에 압수한다며 강제로 빼앗은 것이다. 헌병대는 주인을 찾아주겠다며 일 년 이상 보관하고 있다 역시나 주인이 나타나지 않자 일본인을 대상으로 경매에 붙였다. 무쇠 솥에서 불상을 처음 발견한 사람은 보상금도 한 푼 받지 못했다.

강탈된 뒤 경매에서 이 불상을 낙찰받은 사람은 니와세 하쿠쇼였다. 일본인끼리 서로 봐주기로 한 경매였기 때문에 헐값에 사들였다. 니와세 가 가져갔다고 해서 '니와세 불상'이란 이름이 붙었다.

金銅觀音立像
(鎌倉時代の作) 金八寸八長
土南陳故職弊熱造進尚志

'백제미소보살'이라 불리는 백제금동관음보살입상

부여규암리 금동관음보살입상
(국보 제293호)

니와세는 1922년 무렵 '형'으로 불린 불상을 이치다 지로에게 팔았다. 이치다는 대구에서 병원을 운영하던 병원장으로 금속 유물과 도자기 수집에 열을 올리던 자였다. 이치다가 손에 넣은 불상은 아름다우면서 화려했다. 평화로우면서도 생기있는 미소가 일품이었고 마치 금세 앞으로 걸어나갈 듯 날렵하면서도 격조가 있었다. 일본으로 불교가 전해진 6세기 무렵과 같은 시기에 만들어진 불상으로, 형식도 아스카 식과 비슷해 일본인들이 환호했다. 무쇠솥에서 발견된 두 불상 중 하나는 니와세가 하나는 이치다가 소장한 것이다.

이치다는 이 불상을 대단하게 자랑했고 같은 대구에 사는 오구라가 가장 시기했다. 오구라가 60만 원까지 줄테니 자신에게 양보해달라고 청했지만 이치다는 들은 척도 안했다.

이치다는 일본 패망 전에 이 불상을 몰래 일본으로 가져갔다. 그러나 니와세가 가지고 있던 동생 불상은 경성제대에 근무하던 시노자키에게 넘어갔고 이후 해방을 맞았다. 시노자키는 일본 패망 직후 전쟁 포로가 되었다. 미군정은 시노자키에게서 '동생 불상'을 압수해 국립중앙박물관으로 옮겼다. 국보 제293호로 지정되었다.

이치다가 몰래 일본으로 반출한 형제 불상^(백제금동관음보살입상)은 얼마 전 그 후손으로 보이는 일본인이 한국에 150억 원에 팔겠다는 매각 의사를 밝혔다. 그러나 소장자가 값을 너무 올려 불러 환수에 난항을 겪고 있다. 적당한 가격에 나왔다면 고국으로 돌아올뻔 했는데 아쉬울 따름이다. 부여에서 출토되었기 때문에 부여에서는 백제금동관음보살입상을 '백제미소보살'이라며 환수 추진위원회를 결성했다. 환수추진위원회는 모금을 벌여서라도 '백제미소보살'을 돌려받아야 한다며 노력하고 있고 문화유산회복재단도 힘을 보태고 있다.

한편 일제강점기 당시 오구라 다케노스케는 이치다가 가진 백제 불상보다 시대도 앞서고 귀한 고구려 반가상을 손에 넣어 이치다의 기를 죽이려 했다. 오구라가 평양으로 찾아와 김동현 씨를 식사에 초대했다.

"김 선생, 가지고 있는 고구려 불상을 좀 보여주시오."

"지금은 없고 사진만 있습니다."

미리 예상을 하고 나온 김동현 씨는 가지고 간 사진을 보여줬다.

숨을 죽이며 불상 사진을 보던 오구라의 입에서 탄성이 터져 나왔다.

"어렵게 구했겠지만 내게 넘겨주시지요. 50만 원까지 내겠습니다."

식사 자리에 함께 했던 사람들은 술잔을 떨어뜨릴뻔 했다. 당시로선 기와집 250채 값으로, 지금으로 치자면 몇 개 동의 아파트를 주겠다는 말이었다.

"미안합니다."

자신만만하던 오구라는 자신의 귀를 의심했다. 일본인에게 귀한 유물을 넘겨주지 않겠다는 결심이 있던 김동현 씨였다.

다음날 오구라가 충혈된 눈으로 김동현 씨의 가게인 화천당을 찾아왔다.

"김 선생 다시 한번 생각해주시오. 가격이라면 더 생각해줄 수 있습니다. 이렇게 부탁합니다."

오만방자하던 오구라가 무릎을 꿇었다.

김동현 씨가 이를 외면하자 오구라는 다리를 붙들고 눈물까지 흘렸다.

"김 선생 그렇다면 내가 가진 걸 모두 줄테니 넘겨주시겠소?"

이번엔 김동현 씨가 놀랐다. 그동안 오구라가 조선 유물을 사 모으기 위해 쓴 돈이 알려진 것만 2000만 원에 달했다.

"오구라 상 그만 물러가시지요."

오구라는 부들부들 떨더니 가게를 나가버렸다.

한편 이치다는 애지중지하던 백제 불상은 미리 일본으로 빼 돌렸지만 그 많은 소장품은 옮기기도 전에 일본이 패망했다. 미군정이 시작되고 한국에서 일본으로 문화재 반출이 금지되자 이치다는 남아있던 소장품을 어떻게 할까 고민했다. 미군정은 패전국 일본인이 귀국할 때 배낭 1개만 가져갈 수 있도록 허락했다. 이치다는 소장품을 포기하기 싫어 소장품을 잔뜩 싸서 부산으로 내려갔다. 소장품을 싼 짐이 30개가 넘었다.

그때 부산에서 골동상을 하던 박모 씨가 부산시청 앞에 백양사라는 수송회사를 차렸다. 커다란 현수막에 '일본까지 안전하게 물건을 운송해줍니다. 요금은 보따리 당 백 원'이라고 써 내걸었다. 일본까지 물건을 안전하게 운송해 준다는 말에 소장품을 건지려는 일본인들이 대거 몰려들었다.

"일본까지 며칠이나 걸립니까? 어느 항구에서 찾아야 합니까?"

일본인들은 박 씨에게 다급하게 물었다.

"중요한 물건은 오사카항이고, 짐 보따리는 고베항입니다. 기간은 두 달 정도 걸립니다."

일본인들이 맡긴 보따리는 박 씨의 창고에 그득히 쌓였다. 일본인들은 운임을 지불하고 절을 수차례 한 다음 떠났다. 이치다가 짐을 가져오자 박 씨는 그가 거물임을 알아차리고 더욱 정중하게 대했다. 이치다가 짐을 맡기고 사라지자 박 씨는 짐을 자기 집으로 가져와 풀어봤다. 달덩이 같은 백자와 청자, 금빛이 찬란한 불상이 드러났다.

박 씨가 서울로 기별을 하자 한국인 수장가들이 기차를 타고 급히 내려왔다. 박 씨는 일본인들이 맡긴 짐보따리를 일본으로 부쳐주는 게 아니라 부산 국제시장에 한 개에 2000~3000원을 받고 팔고 있었다. 이치다의 고미술품은 다른 것에 비해 값진 것임을 알고 한국인 수장가들을 부른 것이다. 김동현 씨를 비롯해 여러 사람이 이치다가 차곡차곡 모았던 보물들을 손에 넣을 수 있었다. 이치다는 '백제미소보살'로 불리는 백제 불상은 일본으로 빼돌렸지만 나머지 소장품은 이 땅에 남을 수 있었다.

청와대에 불상이 있는 이유

일제강점기 때 불상이 고려청자나 조선백자보다 귀한 대접을 받다 보니 일본 고관에게 주는 뇌물로도 사용됐다. 데라우치 총독은 조선의 귀한 고미술품을 이곳저곳에서 받았는데 1913년에도 비슷한 일이 있었다. 데라우치가 경주를 돌아보던 중 경주금융조합 이사였던 오히라의 집을 방문했다. 데라우치가 정원에 있는 품위 있는 신라 석가여래좌상을 보고는 몹시 탐을 냈다. 며칠 후 서울로 돌아온 데라우치는 총독관저 정원 한쪽에 오히라의 집에서 본 석가여래좌상이 놓여있는 것을 발견했다.

오히라는 급하게 서울 총독관저로 석가여래좌상을 보내느라 대좌의 하대석까지는 신경쓰지 못했다. 1939년 하대석을 찾으러 경주로 내려갔던 총독부박물관의 한 조사자가 당시 상황을 이렇게 보고했다.

•••
청와대에 있는 '경주 방형대좌 석조여래좌상' (보물 제1977호)

'데라우치 총독이 경주를 순시할 때 그 석불을 보되 재삼 되돌아보며 숙시熟視하기에 당시 소장자였던 오히라가 총독이 몹시 마음에 들어하는 걸 눈치채고 즉시 서울 총독관저로 운반하였다고 한다.

원래 석가여래좌상은 경주 외곽의 유덕사有德寺 터에 있던 유물이었다. 일본인이 거리낌 없이 불법으로 반출해 버젓이 자신의 집에 두고 자랑하다가 데라우치에게 바친 것이다. 석가여래좌상은 남산 밑의 총독관저에 남아있다가 1927년 경복궁 뒤에 총독관저가 새로 지어지자 옮겨 갔다.'

이후 석가여래좌상은 광복 후 총독관저가 청와대로 바뀌면서 현재의 자리에 남게 됐다. 왜 불상이 청와대에 있어? 싶지만 이런 과정을 거쳐 현재 위치에 남게 된 것이다.

또 다른 예는 1912년 금동미륵보살반가사유상의 경우이다. 금동미륵보살반가사유상은 조선 땅 어디선가 불법 반출되어 서울에서 살 사람을 찾다가 일본 당국이 주목하게 되었다. 이를 가지고 있던 후치가미 사다스케가 당국에 걸릴 것을 우려해 데라우치 총독관저에 기증해 버렸다. 후치가미는 장물아비이거나 문화재 약탈을 배후에서 사주한 자로 추정된다. 기증한 불상은 높이 83.2cm로 6세기경에 만들어진 것으로 보이는 걸작이었다.

금동미륵보살반가사유상은 네모난 얼굴에 고개를 숙이고 눈을 가늘게 뜬 채 자애로운 미소를 띠고 있으며 광대뼈를 살짝 드러내고 있었다. 옷자락은 날개처럼 넓게 펼쳐진 모습을 형상화시켰고 섬세하면서도 엷게 드리워진 옷주름, 보관의 꼼꼼하면서도 화려한 장식이 고구려 불상을 연상시킨다.

데라우치 총독은 개인 소유로 갖고 있다 총리대신으로 승진해 일본으로 돌아가게 되자 총독부박물관에 기증하였다. 학계에 알려진 최고 걸작 중 하나인 금동미륵보살반가사유상을 차마 도쿄 자신의 집으로 가져갈 수 없었던 것이다.

이 금동미륵보살반가사유상은 국보 제78호로 지정되어 현재 국립중앙박물관에 소장되어 있다. 이 불상은 1998년 미국 메트로폴리탄 박물관에 한국관 개관에 맞춰 특별전시됐다. 대여되면서 평가된 보험 가액은 3530만 달러(원화 약 480억 원)에 달했다.

데라우치 총독 문화재 3000점 빼돌려

데라우치 총독은 6년 동안 조선에 있으면서 각종 문화재를 모아 일본으로 빼돌렸다. 데라우치가 우리나라 문화재를 수집하기 시작한 것은 그가 총독으로 부임하기 전인 1902년 조선 내 철도회의 의원으로 취임하면서였다. 데라우치가 빼돌린 3000여 점이 넘는 문화재는 신라부터 조선 후기에 이르기까지 소중한 유물들이었다. 우리나라 최고 명필 중 한 사람인 김생과 고려의 유신·탄연·최우 등 명필로 꼽히는 신품4현神品四賢의 글씨를 포함해 암행어사로 유명한 박문수 가문의 호적단자, 임진왜란 상황을 기록한 임진란, 고려 이색과 정몽주의 서신 등 각 시대를 대표했던 학자들의 저서와 고문서들이었다. 김생과 최치원의 서신을 담은 귀중한 간찰집 『명현간독名賢簡牘』도 포함돼 있었다. 데라우치는 당시 유명 학자들을 동원해 수집한 자료의 가치를 분류해 귀중본만 일본으로 빼돌리고 나머

데라우치 총독이 가지고 있던 금동미륵보살반가사유상(국보 제78호)

지는 불태워 버리는 만행을 저질렀다.

데라우치는 총독을 끝내고 돌아가면서 자신의 고향인 야마구치현 하기(萩)에 개인 소장품 전시장까지 세웠다. 이홍직 전 고려대 사학과 교수는 1964년에 쓴『재일 한국 문화재 비망록』에서 다음과 같이 밝혔다.

'총독 데라우치는 자신의 고향인 야마구치현 하기(萩)에 막대한 (한국의)미술품과 전적을 수집했다. 이후 데라우치가 모은 것은 흩어져 지금 그 일부가 야마구치 단기여자대학의 도서관에 보관되어 있으나 그 내용은 아직 밝혀지지 않았다.'

데라우치가 한국에서 밀반출한 문화재의 일단을 보여주는 전시가 1996년 9월 서울 덕수궁 석조전에서 '데라우치 문고 특별전'이란 이름으로 열렸다. 데라우치가 가져간 문화재 중 일부를 경남대에 기증하면서 기획된 전시였다. 특별전에는 희귀 서적과 서한집, 고문서 등 97종 134점이 전시됐다.

전시작품 중에는 추사 김정희가 다양한 서체로 쓴 '완당법첩조눌인병서(阮堂法帖曺訥人並書)'와 순조의 세자가 교육기관인 세자시강원에 입학하는 장면을 그린 '정축입학도첩' 등 국보급 문화재가 포함돼 있었다. 조선을 대표하는 화가인 김홍도·정선·윤두서의 그림을 묶은 『홍운당첩烘雲堂帖』도 있었다.

사라진 국보 '청자철채백화당초문매병' (국보 제372호)

일제강점기 이 땅에서 출토된 '고려청자철채백화당초문매병(高麗靑磁鐵彩白畫唐草文梅甁)'은 골동상인 아가와 시게로의 소유였다. 아가와 시게로는 일제강점기 조선에 세워진 미술품 경매 회사인 경성미술구락부의 창립 멤버이기도 했다. 이 철채청자 매병은 현존하는 철채청자 중에서 가장 뛰어난 유물로 꼽힌다.

고려시대 도공들은 청자뿐만 아니라 여러 종류의 도자기를 창의적으로 연구 개발하고 생산하여 고려백자, 철유청자, 철채청자 등 다양한 종류의 도자기를 창조하였다. 철채청자란 청자 흙으로 도자기를 빚은 다음 일정 시간 건조시킨 후 산화철안료를 몸통에 골고루 바르고 백토를 상감한다. 또는 백토를 물에 개어 도자기에 문양을 그린 뒤 마지막에 청자 유약을 바르고 구운 것이다. 즉, 도자기에 서로 다른 두 종류의 유약을 겹쳐서 바른 것이다. 그러면 완성된 철채청자의 바탕색은 수박색의 은은한 빛이 감돌고 흰색의 백토상감이나 백토로 그린 문양은 한층 더 강조되어 옻칠한 금속처럼 보이게 된다. 중국에서도 찾아볼 수 없는 기법으로 우리나라가 세계최초이며 유일하게 사용했다. 일본의 도자기 애호가들이 비색(翡色)의 고려청자보다 더 열광하며 감탄하는 고려철채청자의 매력이 여기에 있다.

미국 메트로폴리탄박물관이 소장한 청자철채상감국화당초문매병(1915년 사무엘 티 피터스 기증)이 유일하게 비교되곤 한다.

이 철채청자 매병은 광복 직후에 장모 씨가 가지고 있다 국보 제372호로 지정되었다. 장모 씨는 조선에서 유물을 대거 사들였던 일본인 수장가들이 패망 직후 일본으로 들어갈 때 헐값에 사들였던 사람이다. 이 매병은 1950년 5월에 열린 국보전람회에 출품 전시되었다.

그러나 이 철채청자 매병은 한국전쟁 후엔 갑자기 사라져 국보에서 해지됐다. 소장자였던 장 씨와 유물이 함께 사라진 것이다. 소장자 장 씨는 한국전쟁 때 일본으로 밀항해 그곳에서 골동상을 한 것으로 알려졌다. 문화재 관계자들은 장

144

씨가 밀항할 때 국보로 지정된 청자 매병도 함께 밀반출한 것으로 추정하고 있다.

고려청자철채백화당초문매병

1976년 11월 3일 일본 동경에서 아타카컬렉션 명도전(名陶展)이 열려 고려청자, 조선백자 등 230여 점이 출품되었다. 아타카컬렉션은 워낙 유명해 전시 첫날 8천여 명의 관람객이 몰려 발 들여 놓을 틈이 없었다고 한다. 그런데 전시유물 중에 국내에서 행방불명된 '청자철채 백화당초문매병'이 전시되어 있었다. 국보로까지 지정된 명품 청자가 일본으로 밀반출되어 아타카컬렉션에게 판매된 것이었다. 당시 최순우 국립중앙박물관장이 급파되어 밀반출된 국보 매병의 환수를 위해 협상을 벌였으나 성공하지 못했다.

이후 아타카컬렉션의 도자기들은 스미토모 그룹에서 인수하여 지금은 오사카시립 동양도자미술관에 기증되었다. 그러나 기증과정에서 아타카컬렉션이 장 씨에게 구입하여 소장한 청자 매병의 행방을 알 수 없는 상황이다. 이 청자 매병만 오사카시립 동양도자미술관에 기증되지 않은 것으로 알려졌다.

고려철채청자가 일본으로 사라진 후 '국보 제372호'는 비어있는 상태다. 관련 기관에서는 고려 철채청자가 일본에 있는 것을 아는 이상 하루빨리 국보를 찾아와야 할 것이다. 대한민국 국보가 일제강점기도 아닌 상황에서 일본으로 불법 반출된 경위도 그렇지만 지정문화재는 끝까지 추적해 되찾아오는 게 관련 기관의 사명일 것이다.

경주 석굴암

경주 석굴암 석굴(국보 제24호)의 현재와 일제강점기 당시 사진(아래)

일제강점기 때 조선의 미술을 높이 평가했던 야나기 무네요시(柳宗悦)는 1916년 해인사와 석굴암을 찾아본 뒤 『조선과 그 예술』이란 책을 썼다. 야나기 무네요시는 1914년 아사카와 노리타카로부터 백자를 처음 선물 받고 깊은 인상을 받았다. 노리타카는 당시 로댕전시회를 보러 지바현을 가면서 야나기 무네요시를 방문했던 것이다. 이때 백자청화추초문각병을 들고 갔다. 아사카와 노리타카와 다쿠미(淺川巧) 형제는 조선의 민예 운동에 진정어린 애정을 가졌던 일본인이었다. 노리타카는 『부산요와 쓰시마요』란 책을, 동생인 타쿠미는 조선총독부 임업시험소 직원으로 일하면서 조선의 도자기 가마를 연구한 『분원요 적고』를 냈다. 야나기 무네요시는 1916년 처음으로 조선을 방문한 뒤 본격적으로 조선의 미술품에 관심을 가지기 시작했다. 백자와 같이 민중의 삶이 배어있는 조선의 공예품을 수집했고, 이를 연구하고 보존하자는 민예 운동을 펼쳤다.

아사카와 노리타카는 이렇게 회상했다.

'1916년 여름이라 생각된다. 야나기 무네요시 씨가 조선에 왔다. 전년에 야나기 씨를 지바현 아비코의 거처로 방문했을 때 조선 자기 몇 점을 드린 것이 도화선이 되었다. 야나기

야나기 무네요시   야나기가 제일 좋아했던 백자청화추초문각병

씨는 매우 열을 올리게 되어 부산에서 철사(鐵砂) 항아리를 한 개 사고 경성에 도착해서는
매일 여름 뙤약볕 아래서 골동품을 뒤졌다. 이것이 아우 다쿠미에게 전염되어 우리는 차츰
흥미를 더해갔다. (조선 골동품은)5~6년 간 학생 장난감 같은 가격으로 골동상점에 진열되
어 있었다. 1922년 가을 잡지 『시라카바(白樺)』에 '조선도자호(李朝陶器 號)'를 내고 나와 야나
기 씨 등의 발의로 조선민족미술관이 창설되었다.'

야나기는 도쿄에서 '조선민예미술전람회'(1921)를, 서울에서 '이조도자
기전람회(1922)', '이조미술전람회(1923)'를 열어 조선 고미술의 가치를 재
조명했고 1924년에는 경복궁 내에 조선민족미술관을 세웠다. 이 미술관
은 수천 점에 이르는 소장품을 가지고 있었고 이후 국립박물관으로 이전
됐다.

일본인이 고발한 일제 만행

야나기 무네요시는 조선 고미술에 대해 다음과 같이 말했다.

'오늘날 조선의 고미술, 즉 건축이나 미술품이 황폐해지고 파괴된 것은 사실 대부분이 왜구의 경악할 만한 행동 때문이었다. 중국은 조선에 종교와 예술을 전파했는데 그것을 파괴한 것은 우리들의 무사였다. 이런 사실은 조선 사람들에게 뼈에 사무치는 원한이었을 것이다. 나라(奈良)를 찾았을 때 법륭사(호류지)가 소장한 놀랄 만한 고미술을 볼 수 있었다. 그러나 일본 국보, 황실 소장품의 대부분이 조선 작품이라는 것을 부정할 수는 없다. 우리들이 1300년 동안 올리는 쇼토쿠(聖德)태자에 대한 제사는 사실은 조선을 향한 예찬이었다. 조선 민족이 위대한 예술의 민족이라는 것은 나를 자극하고 고무하며, 억누를 수 없는 희망을 미래에 안겨준다.

목격자의 말에 의하면 경주 석굴암 십일면관음 앞에 작고 훌륭한 오층탑이 있었는데 소네(曾) 통감이 가져갔다고 하나 진위 여부는 확실하지 않다. 석굴암은 다행히도 왜구의 난을 피했다. 그러나 오늘날 수리라는 명목으로 새로이 모욕을 당했다.

오늘날 일본이 국보라 하며 세계에 자랑하고 세계인 역시 그 아름다움을 인정하고 있는 많은 작품들이 도대체 누구의 손으로 만들어진 것이라 생각하고 있을까. 그 중에서도 국보 중의 국보라 부르는 것 거의 모두가 사실은 조선 사람의 손에 의해 만든 것이 아닌가. 이것은 역사가도 실증하는 틀림없는 사실이다. 그것들은 일본의 국보라고 불리기보다는 정당하게 말하면 조선의 국보라고 불리지 않으면 안 된다.'*

야나기 무네요시가 말한 사건은 1909년 가을 일제 고관들이 경주 일대의 고적을 둘러보면서 발생했다. 2대 조선 통감이 된 소네 아라스케가 수행원들을 거느리고 경주를 찾으면서 시작됐다. 일행은 불국사를 둘러본 뒤 석굴암까지 올라갔다. 소네 통감 일행이 다녀간 직후 석굴암 안에

* 황수영 편, 『일제기 문화재 피해자료』, 국외소재문화재재단, 사회평론, 2014 인용 참조

있던 아름다운 대리석 오층석탑과 감실의 보살상이 감쪽같이 사라져버렸다. 관음불 앞에 불사리가 봉납됐던 오층석탑을 몰래 훔쳐 간 것이다. 대리석으로 만들어진 오층석탑은 본존불의 우아하면서도 장중한 아름다움을 더해주던 우수한 예술품이었다.

소네 통감 자신이 욕심을 냈거나 일본 왕실이나 다른 고관에게 선물하기 위해 빼돌린 것이 분명했다. 일본인들도 소네가 가져갔다고 우회적으로 말하고 있었다.

1930년 경 경주박물관 관장 대리였던 총독부 촉탁 모로가 히데오는 '경주의 신라유적에 대하여'라는 글에서 다음과 같이 고발했다.

아사카와 노리타카(왼쪽) · 다쿠미 형제 가족. 노리타카가 강진요 조사시 사용한 스케치북

'석굴암의 9면 관음(원래는 11면 관음) 앞에 불사리가 봉납된 작지만 훌륭한 대리석 탑이 있었다. 그런데 명치 41년 봄(1909년의 착오) 존귀한 모 고관이 순시하고 간 후 어디론가 자취를 감추어버렸다. 지금 생각해도 애석하기 짝이 없다.'

1925년『조선 경주의 미술』을 낸 나카무라 료헤이도 석굴암 안에 오층 석탑이 있었는데 고관이 다녀간 후 없어졌다고 전했다. 나카무라는 1925년부터 10여 년간 경주에 살면서 신라의 유적을 조사, 연구했다. 나카무라는 "자그마하고 우수한 오층석탑이 안치돼 있었는데 언젠가 사라져 지금은 볼 수가 없다. 쓸쓸히 대석만 놓여져 있을 뿐이다. 풍문에 의하면 모 씨의 저택으로 운반됐다고 한다"며 안타까움을 나타냈다.

당시 석굴암 본존불의 뒤쪽 머리 부분도 파괴되었는데, 유물이 들어있나 해서 파괴한 흔적이었다.

일제는 석굴암이 1907년 우편배달부에 의해 우연히 발견됐다고 선전

했지만 이전에도 석굴암은 불자들이 끊임없이 공양을 올리고 사람들이 유람하던 명소였다. 통일신라 시대 김대성이 창건한 사찰로 불국사와 함께 경주의 명소 중 하나였다. 예술성은 세계적으로 인정받고 있다.

조선 숙종 때의 시인 홍세태는 석굴암을 찾아 본 뒤 '석굴'이라는 시를 남겼다.

> 치밀한 돌 지붕으로 굴을 만들어, 그 속에 장육상을 안치하였다.
>
> 주변에 많은 불상이 서 있으니 모든 영령의 도움이리라.
>
> 신라의 교묘한 장인 뜬구름과 재앙을 막았듯이
>
> 병약한 스님은 떠나지 않고 절을 지키며 늙은 나무처럼 말라버렸네.

홍세태뿐 아니라 수많은 조선의 문사들이 석굴암을 찾아 감상과 시를 남겼다. 석굴암은 황폐화된 사찰이어서 일본인 자신들이 마음대로 훔쳐 가도 되는 곳이 아니었다.

심지어 석굴암을 떼어 일본으로 통째로 옮기려 한 기막힌 시도도 있었다. 일제는 석굴암을 탐낸 나머지 경주 감포를 통해 인천으로 옮길 경우 경비가 얼마나 들지 견적을 내보라는 지시를 내렸다. 하마터면 세계적인 걸작인 석굴암이 일본 땅으로 건너갈 뻔했다. 당시 경주군 판임관이던 일본인 기무라 시즈오는 "문화유산은 원래 있던 곳에 보존되어야 한다"며 보고를 차일피일 미뤘고, 한일 강제병합 등 여러 일이 겹치면서 흐지부지 됐다.

하마터면 일제에게 뺏길뻔한 석굴암은 일본이 당시 보수한다며 엉터리로 손을 대 콘크리트를 발라 버리는 만행을 저질렀다. 일제의 잘못된 보수로 석굴암의 누수와 결로가 심각했지만 지금은 어느 정도 보완해 아름다운 석굴암을 지켜볼 수 있게 됐다.

소네는 조선 통감으로 1년도 채 있지 않았지만 우리의 문화유산 중 귀중한 서적을 대량으로 수집해 일본 왕실에 바친 인물이다. 일본인 약탈자들이 조선 곳곳에서 약탈하거나 헐값으로 사들인 서책을 거둬 왕실로 가져간 것이다. 소네 통감은 오랜 역사를 가진 가문과 서원, 사찰에서 귀중본을 찾아내 엄청난 양을 일본으로 빼돌렸다. 그때 빼돌린 서책의 일부는 1965년까지 일본 궁내청 서릉료(서고)에 '소네 아라스케 헌상본'이라 하여 은밀히 보관되어 있었다. 이후 한일국교정상화의 반환문화재 일부로 돌아와 지금은 국립중앙도서관에 소장돼 있다.*

조선왕조실록 약탈한 데라우치

통감 시대를 거쳐 1910년 강제병합 이후 조선총독부 초대 총독은 일본 육군 대신을 지낸 데라우치 마사타케였다. 하급 무사의 아들로 태어난 데라우치 역시 메이지 유신의 주축인 조슈 번 출신의 군벌이었다. 일본 육군의 대부랄 수 있는 야마가타 아리토모도 조슈 출신 군벌이며 일본 총리인 가쓰라 다로도 조슈 출신이었다. 일본 군부의 실세인 야마가타 아리토모의 뒷배를 받아 조슈 출신의 데라우치가 조선 통감에 이어 초대 조선 총독까지 맡게 됐다. 조선 총독은 명목상으로는 일왕이 임명하게 되어 있지만, 당시는 일본 군부가 좌지우지했다. 야마가타와 가쓰라는 한국에 대한 강제 병합을 밀어부쳤다. 무력을 사용해서라도 조선을 빨리 병합

* 이구열, 『한국문화재 수난사』, 돌베개, 1996

호류지 금당벽화의 관음상 부분(화재 전)과 화재 후 소실된 금당벽화

해야 한다고 주장해 강제병합을 강행하고 조선총독부를 설치했다.

데라우치는 총독 부임 전부터 친일파를 조종해 밑 작업을 해놓고 부임해서는 곧바로 무단통치를 펼쳤다. 일본에 저항할만한 조선의 주요 항일 인사들을 모조리 잡아들였고 헌병경찰제를 실시해 폭력적으로 치안을 지키게 했다. 시위나 집회는 물론이고 신문 보도를 철저하게 억압해 계엄령과 같은 상황을 만들었다. 순사나 헌병 경찰을 30m 마다 배치하고 기마대에 순찰을 돌게 했다. 헌병 경찰이 재판 없이 조선인을 체포하거나 벌금을 매기고 태형이나 구류할 수 있게 했다. 이는 감옥 운영비를 줄이고 폭력으로 다뤄 공포감을 극대화하려는 의도였다. 태형은 일본 현지에서는 금지했지만 조선에서는 독하게 실행했다. 조선인을 형판에 붙들어 매고 엉덩이에 매질을 가했는데 가죽 끝에 납을 매달아 혹독한 태형

을 가했다. 도중에 고통을 참지못하
고 기절하면 회복되기 기다렸다가 3
일 후 다시 불러내 매질을 하는 극악
무도함을 보였다. 매질을 당해 숨진
자도 많았다고 한다. 심지어 덜 익은
감을 팔았다는 이유로도 매질을 했
다. 서구제국주의국가는 식민지 통치
를 위해 관리를 파견할 때 보통 식민
지 인구 2만~3만명 당 1명 꼴로 보내
는데 일제는 조선인 400여 명당 1명
을 파견했다. 숨도 못 쉬게 숨통을 죄

...
조선왕조실록 오대산사고본(국립고궁박물관 소장)

인 것이다. 조선총독은 일본 내각 총리의 명령을 받지 않아도 되기 때문
에 무소불위였다.

데라우치는 조선의 문화재를 약탈해가는 것도 잊지 않았다. 데라우치
는 조선왕조실록을 동해안을 통해 도쿄제국대학으로 실어 가게 한 장본
인이다. 1914년 3월 오대산 사고에 있던 조선왕조실록 150짐을 8일간에
걸쳐 실어 가게 했다.

도쿄제국대학에 있던 오대산사고본은 1923년 관동대지진으로 대부분
불타 없어지고 대출 중이던 책을 포함해 겨우 74책만 남았다. 화재를 입
지 않은 책 가운데 27책이 1932년 경성제국대학(현 서울대학교)으로 옮겨졌
다. 나머지 47책은 도쿄제국대학에 남아 있다가 2006년 끈질긴 반환 요
구를 받자 도쿄대학이 기증한다는 형식으로 돌려줬다. 조선왕조실록 오
대산사고본 일부가 현재 서울대 규장각에 소장되어 있다.

데라우치는 조선의 관습과 제도를 조사한다는 명분을 내세워 일본군과 순사를 동원해 종로 일대 서점을 비롯해 전국의 서점과 향교, 서원, 개인 서고까지 뒤져 서적을 압수했다. 이때 신채호의 『영웅 이순신』, 『을지문덕』과 같은 항일 정신이 담긴 책과 역사서는 강제병합에 도움이 안 된다는 이유로 소각하는 만행을 저질렀다. 그 수가 무려 20만 권에 달했다.

소장할 가치가 있다고 판단한 책들은 불법 반출해 자신의 고향인 규슈로 보냈다. 규슈의 야마구치여자대학에 '데라우치 문고'라는 이름으로 버젓이 기증한 것이다. 한국의 국보급 문화재도 대거 반출했다. 빼돌린 문화재 중에는 우리나라 최고 명필 중 한 사람으로 꼽히는 신라 김생의 글씨를 비롯해 김생과 최치원의 서신을 담은 간찰집, 고려 문신 이색과 정몽주의 서신 등이 포함돼 있다. 이때 문화재를 사들인 자금은 기가 막히게도 거의 강제로 조선 왕실로부터 받은 하사금이었다. 데라우치는 조선 총독을 마친 뒤 승진하여 일본 내각총리대신에 올랐다. 그러나 당시 일본에서 일어난 쌀 폭동을 조선에서처럼 폭압적으로 다루다 거센 반발에 부딪쳐 사퇴하게 된다. 데라우치는 사임 후 1년 만에 폭군이란 오명을 얻은 채 사망했다.

데라우치와 이토 히로부미는 공통점이 많다. 두 사람 다 조슈 번 출신으로 조선 통감을 지냈고 일본에서는 내각총리대신을 지냈다는 점이다. 하나 더 막강한 권력을 휘둘러 한국의 문화재를 대거 약탈했다는 점이다.

이토 히로부미는 조선의 귀중본을 대대적으로 모아 일본으로 가져갔고 나머지 서적은 불태워버렸다. 이토 히로부미는 일본의 전문학자를 불러 조선 규장각 서고에 있던 옛 책을 죄다 꺼내도록 시켰다. 규장각 뿐 아니라 경복궁 안의 집옥재集玉齋를 비롯해 궁궐 여러 건물에 이루 다 셀 수

···
이토가 일왕에게 헌상했던 청자어룡형주전자
(국보 제61호)

···
소네 통감이 일본으로 반출했던 석굴암 오층탑

없이 많은 옛 책들이 쌓여 있었는데 다 꺼내게 했다. 통감부는 규장각 장서를 중심으로 대한제국 제실帝室 도서관을 설치해준다는 거짓말을 했다. 오래 묵은 장서를 햇볕에 쬐인다는 이유였지만 전문가가 귀중본을 골라내 도쿄제국대학으로 빼돌린 것이다. 이토가 당시 일본으로 빼돌린 책들은『조감朝鑑』4권,『국조통기國朝通記』등 중요하고 귀한 도서들이 대거 포함돼 있었다.

　　일본 자료에 따르면 이토 히로부미가 한일 관계 사항의 조사를 목적으로 일본에 가져온 조선 서적들이 있는데 이토가 죽은 후 이 책들은 일본 궁내청 서릉료書陵寮(당시 궁내성 도서료)에 있는 것으로 확인됐다.

이토 히로부미 고려청자 대규모 반출

일본 도자기 연구자 고야마 후지오는 '고려도자서설序說'에서 "고려청자에는 중국 도자의 황금시대로 일컬어지는 북송의 도자기도 미치지 못하는 정교함이 비할 바 없이 넘쳐나며 조선의 공예 중 세계적으로 가치가 특히나 높다"며 "고려의 옛 도자기가 세상 사람들의 주의를 끌게 된 것은 1906년 이토 히로부미 공이 초대 통감으로 취임했을 때부터다"고 밝혔다. 이토가 청자를 광적으로 좋아하다 보니 일본인 사이에서 청자 수집 열기가 높아져 1911, 1912년 최고조에 이르렀다는 것이다. 고야마 후지오는 "당시 조선에는 고려청자를 도굴, 판매하여 생활한 사람이 수백 명이 있었다"며 일본에 있는 고려 도자기의 수가 몇만 점은 될 것이라고 밝혔다.

이토 히로부미는 일왕을 위해 고려청자 103점을 일본으로 보냈다. 이토 히로부미가 청자를 좋아한다고 소문이 나자 도굴꾼들은 개성과 강화의 수많은 묘를 닥치는 대로 도굴했다. 도굴이 극심해 고려청자가 귀해지자 옛 사찰의 석탑에 부장된 사리함과 금동불상들을 훔치기 시작했다. 평양여학교 교장이지만 악질 골동상이던 시라카미 주카치가 그 일을 많이 했고 헌병까지 동원하는 뻔뻔함을 보였다.

미야케 조사쿠는 도굴범을 재판하는 재판장으로 근무한 이후 고려청자에 관심이 많아 아예 조선 근무를 자청했다. 그는 '고려 고분발굴시대'라는 글에서 "경성의 골동상이라 하면 한 곳 곤도라는 가게가 있었다. 그 외는 다카하시가 있었는데 가게를 갖지 않고 고려자기를 매입해 팔던 정도였다. 다카하시는 원래 순사로서 개성 방면에서 오래 근무했다. 곤도 가게에 고려의 발굴품이 나오면 귀하기 때문에 곧 누군가가 가지고 가버

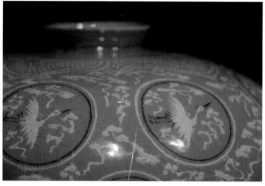

청자상감운학문매병(국보 제68호)

렸다. 고려청자는 진기하고 귀중해 인삼과 함께 지식인 사이에서 답례품으로 쓰였다.

이토 공은 수천 점 이상을 모았다. 닛타라는 자가 있었는데 이토 공의 연회에 참석해 노래를 부르거나 춤을 추며 흥을 돋우던 남자로 후에 여관을 개업했다. 이토 공은 닛타에게 '얼마든지 고려자기를 가지고 와라, 있는 대로 사 주겠다'는 식으로 이야기했다. 마구 사들여 바로 30점이나 50점씩 한 번에 남에게 선물해 버렸다. 어떤 때는 곤도 가게의 고려자기를 고스란히 그냥 사버리는 일도 있었다. 이 때문에 경성에서는 한 때 고려자기 매매가 자취를 감춘 일도 있었다. 고려청자광 시대가 출현하여 이로써 생활하는 자가 수천 명이라 하였고, 개성 강화도 해주 방면에서 도굴된 고분 수가 놀랄 만하다.

히데요시의 임진왜란 때도 고려 고분의 일부가 발굴되어 오늘날 일본에 전해 내려오는 운학청자나 교우겐바카마(狂言袴, 나베시마가 소장 고려청자)의 명품은 당시 가져온 것이 많다. 처음에는 개성에서 인삼 매매로 한몫 보려던 자들이 ^(고려청자를)파낸 그대로 흙 묻은 것을 신문지 같은 것에 싸 가지고 왔다. 처음에 보통 5엔, 많이 주어도 10엔 20엔 정도 주고 고려청자를 샀다."

데라우치는 한일 강제병합을 이룬 날 성대한 연회를 베풀며 다음과 같이 읊조렸다고 한다.

"만일 고바야카와, 가토오, 고니시가 이 세상에 있다면 오늘 밤에 뜬 저 달을 과연 어떤 마음으로 바라보았을까?"

데라우치가 말한 이들은 고바야카와 다카카게, 가토오 기요마사, 고니시 유키나가로 임진왜란 때 출병했던 대표적인 왜장들이다. 이들은 도요토미 히데요시^(豊臣秀吉, 1537~1598)의 조선 출병을 명령받고 자신의 군대를 대대적으로 동원했다. 데라우치는 조선을 침략하기 위해 일으켰던 임진왜란의 성공이 한일 강제병합으로 드디어 이뤄졌다며 소회를 읊은 것이다.

임진왜란의 맥을 잇고 있는 데라우치

데라우치의 말대로 이토와 데라우치의 조선 문화재 약탈은 도요토미 히데요시의 임진왜란 약탈을 상기시킨다. 임진왜란 당시 왜장 우키다는 조선에서 약탈한 수십 궤짝의 서적을 최고 실력자였던 도요토미 히데요시에게 바쳤다. 왜장들은 글을 읽을 수 있어 서책의 중요도를 알 수 있는 승려들을 데리고 와 관아와 사대부 집의 장서를 낱낱이 뒤져서 훑어 오게 했다. 임진왜란 전에 조선에서 간행된 전적은 씨가 말랐다는 말이 나올 지경이었다.

도쿄제국대학 조교수였던 세키노 다다시는『한국건축조사보고』에서 일본의 한반도 약탈의 역사를 증언했다. 세키노 다다시는 일제의 조직적인 지시를 받고 조선의 문화재와 유적을 샅샅이 조사해 약탈자들의 탐욕을 불러일으킨 자다.

'고려 말기 거의 200년간은 소위 왜구가 팔도의 연안을 약탈하고 도처에서 도시를 함락하고 화물을 약탈하는 등 그 세력이 창궐하여 개성 천도를 논의하기에 이르렀다. 일본의 주고쿠, 규슈 등의 호족이 왜구를 후원했던 것을 보면, 이러한 ^(고려의)문물이나 약탈한 공예품이 그 지방의 기술에 다소의 영향은 미쳤다고 할 수 있다. 오늘날 주고쿠, 규슈의 신사와 사찰에 고려시대 것으로 보이는 범종, 소위 조선 종을 소장한 경우가 많은데 아마 당시의 전리품이었을 것이다.'

1591년 9월 도요토미 히데요시는 세 살 난 아들 쓰루마쓰가 죽자 얼빠진 노인처럼 자신의 상투를 잘라버리고 대성통곡을 했다. 도요토미 히데요시는 그 수많은 첩 가운데 요도도노에게서만 아들 두 명을 낳았다. 요도도노는 히데요시의 주군인 오다 노부나의 조카였다. 토요토미 히데요시의 첫째 아들은 세 살 만에 숨겼고 이어 아들 히데요리를 얻었다.

유성룡이 쓴『징비록』에 보면 히데요시가 요도도노에게서 낳은 아들을 안고 조선 사신을 맞았다며 예의가 없다는 내용이 나온다. 히데요시는 늦게 얻은 아들이라 금지옥엽으로 키웠다.

아들을 잃고 비통해하던 히데요시에게 가토 기요마사가 찾아와 이렇게 부추겼다. "이렇게 슬픔에 빠져 계시면 건강에 좋지 않습니다. 시름을 떨치는 방법으로는 전쟁이 제일입니다. 하루라도 빨리 조선 출병을 명하시어 심기를 편안하게 하소서."

히데요시는 가토 기요마사의 말을 듣자 눈빛을 반짝였다. 그리고 측근에게 이렇게 말했다고 한다. "일본은 이미 내 손안에 들어왔다. 히데쓰구(히데요시의 양자)에게 일본 천하를 넘겨주고 난 대명大明(명나라)에 들어가 대명의 왕이 되겠다. 조선에 사자를 보냈을 때 대명에 들어갈테니 조선이 선봉을 맡아달라 했는데 답이 없었다. 그렇다면 조선에 먼저 들어가 쳐부수고, 대명에 들어가겠다."

가토 기요마사가 더욱 자극했을 수는 있지만 히데요시는 이전부터 조선과 명나라 침략을 꾸미고 있었다. 일본은 손에 넣었으니 이제 명나라를 제 손아귀에 넣겠다는 야욕이었다. 여기에 조선의 막사발인 찻사발을 탐내어 조선 사기장을 납치하겠다는 욕심도 컸다. 전국戰國시대를 통일한 히데요시로서는 영주들의 무력을 전쟁을 통해 약화시키려 했다. 영주들에게는 승리할 경우 조선 땅을 영지로 주겠다고 속삭였다.

1586년 히데요시가 천주교 신부와 수도사 등 30여 명을 오사카성으로 초대했을 때였다. 히데요시는 자신의 권력 중심지를 오사카로 정하고 위세를 떨치기 위해 화려한 오사카성을 세웠다. 오사카성 주변의 해자를 파기 위해 6만 명이 동원될 정도였다. 히데요시는 조선과 중국을 정복하고 싶다며 서양인 신부에게 군장비를 갖춘 2척의 대형 선박을 조달해줄 것을 요청했다. 임진왜란 6년 전에 벌써 이런 계략을 가지고 있었던 것이다. 히데요시는 선박을 조달해주면 중국을 정복해서 중국인들을 천주교 신도로

···
『일본사』 쓴 프로이스

使 正

官軍第子

官譯

•••
조선통신사도(부분)

만들겠다고 약속했다.

　『일본사』를 쓴 프로이스에 따르면 당시 일본은 큰 바다의 맹위와 무서운 파도에 견딜만한 대형 선박을 건조할 능력이 없었다. 일본이 가지고 있는 군선은 대군단을 수송하기에 부족했기 때문에 가능하면 짧은 항로를 이용해 군대를 수송하기로 했다. 당시 일본은 바다 주위에 보이는 산 등의 위치를 보고 향해를 하는 연안운항 기술밖에 없었다. 깊고 큰 바다에 대규모 선단을 이끌고 운항할 수 없어 먼저 조선을 침략하기로 한 것이다. 히데요시는 그즈음 "일본 가까이에 고려(조선)가 있지만 중국과 가깝기 때문에 먼저 고려를 정복한 뒤 그곳에서 필요한 탄약과 식량을 보급하면 좋다"는 정보를 얻었다.

　히데요시는 조선 정벌을 위해 대마도 번주인 소 요시토시의 협력이 필요했다. 요시토시를 끌어들이기 위해 고니시 유키나가의 딸 마리아를 아

내로 맞게 하였다. 고니시와 마리아는 천주교 신자였다. 마리아와 혼례를 올린 소 요시토시는 조선에 쌀 1만섬을 공물로 바치던 관계를 뒤엎고 히데요시의 수하로 들어갔다. 장인인 고니시 유키나가에게 조선을 쉽게 침입할 수 있는 방법을 알려줬다.

일본의 움직임이 심상치 않자 조선 조정에서는 통신사를 보내기로 마지못해 결정했다. 조선통신사가 1589년 도요토미 히데요시를 만나기 위해 한양을 출발했다. 정사 황윤길, 부사 김성일, 서장관 허성이 중심이었다. 6월 대마도에 도착한 조선통신사는 대마도주가 말에 탄채 자신들을 맞이하자 불길한 예감을 얻었다. 대마도는 직전까지만 해도 조선 국왕의 도서圖署(출입국증명서)를 받고 조공을 올리는 속방이었다. 조선에 굽신굽신하던 대마도주의 고압적인 자세를 보자 사태가 심상치 않음을 느꼈다. 통신사는 교토에 머물며 몇 달이 지나서야 히데요시를 만날 수 있었다.

조선통신사는 히데요시에 대한 인상을 이렇게 전했다. '작고 못생겼으며 낯빛이 검다. 눈빛이 반짝반짝하며 사람을 쏘아보는 듯했다.'

통신사가 돌아와서 조선의 운명이 갈렸다. 서인인 정사 황윤길은 조정에 "반드시 병화兵火가 있을 것입니다"며 도요토미 히데요시의 출병 기미를 다급하게 보고했다. 하지만 동인인 김성일은 "그러한 정세가 있는 것을 보지 못했습니다. 민심을 동요시키는 것은 옳지 못합니다"라며 반대로 이야기했다. 불길한 예감을 피하고 싶었던 조정은 결국 동인이던 김성일의 손을 들어줬다.

1592년 4월 14일 오전 8시 일본 규슈 나고야에 20여만 명의 대군이 집결해 조선으로 향했다. 700여 척의 일본 군선이 대마도에서 바다를 덮어오는데 끝이 보이지 않았다고 한다.

병조판서 유성룡이 왜군이 조총을 가진 것에 대해 "왜군이 조총 같은 장기長技까지 있으니 가벼이 볼 수 없다"고 했지만, 장수 신립은 "조총이 있다고 하더라도 어찌 쏠 때마다 다 맞힐 수가 있겠습니까"라고 말했다. 그러나 왜군이 쏘는 조총에 조선군은 속절없이 쓰러졌고 반대로 조선군이 쏘아대는 화살은 수십 보 밖에서 떨어져 왜군을 죽일 수가 없었다.

일본군이 단숨에 한양을 점령하자 도요토미 히데요시는 거의 정신을 잃을 만큼 기뻐 날뛰었다. 프로이스가 전한 도요토미 히데요시의 편지는 상황을 짐작하게 만들었다. 도요토미는 1592년 6월 27일 히데츠구에게 편지를 썼는데 "조선으로 건너가는 일을 더욱 서두르고 있다. 이번에야말로 반드시 전 중국을 모조리 복종시킬 생각이다. 따라서 너(히데츠구)는 관백으로서 그 땅으로 건너가거라. 고요제後陽成 일왕을 중국 북경으로 옮길 것이다. 일왕이 중국으로 출발하는 것은 내년이 아니면 후년이 될 것이다"고 했다. 히데요시는 또 "조선의 국왕 자리에는 기후의 재상(도요토미 히데츠구의 동생 하시바 히데카츠 추정)을 앉힐 것이다"라며 조선과 중국의 항복을 기정사실화했다.

고니시 유키나가가 거느린 제1진이 부산에 도착한 건 4월 14일 오후 5시경이었다. 고니시 유키나가가 중로中路를 맡아 동래부터 양산 밀양 대구 등을 거쳐 상주와 충주를 치면서 파죽지세로 몰려왔다.

고니시 유키나가는 동래성 등 여러 성을 함락한 뒤 히데요시에게 자신의 공적을 보고하는 편지를 보냈다. 히데요시는 그때 나고야(현 가라쓰시)에 새로 쌓은 성에 머물고 있었는데 고니시 유키나가에 대해 대단히 만족했다. 히데요시는 "천하에 가장 충성스럽고 용감한 무장이며 그를 내 아들로 생각한다. 마치 죽은 내 아들이 되살아 온 것 같다"고 극찬했다. 흥분

한 나머지 조선의 반을 고니시 유키나가에게 하사하겠다는 말까지 했다.

좌군을 맡은 가토 기요마사는 동래에서 시작해 기장, 울산, 경주, 영천 등을 거쳐 용인과 한강으로 몰려왔다. 히데요시의 인척이기도 한 가토 기요마사는 어릴 적부터 히데요시를 보좌했다.

4월 29일 선조는 피난을 결심했다. 선조는 서자였던 광해군을 세자로 책봉해 소조정小朝廷이라고 분조를 해서 종묘사직을 지키게 했다. 적자가 없던 선조는 서자 중 첫째 아들인 임해군이 덕망을 얻지 못하자 둘째인 광해군을 세자로 책봉했다. 선조가 움직이는 행재소를 원조정元朝廷이라 하여 위급 시 요동으로 건너갈 생각까지 했던 것이다. 광해군은 평안도, 황해도 강원도를 돌며 민관군을 위로하고 의병 활동을 독려했으며 군량미를 확보하는 데 힘썼다.

왜군은 5월 2일 한양을 함락하고 6월에는 평양성까지 함락했다. 기요마사는 북진하다 7월 회령에서 임해군과 셋째 아들인 순화군 두 왕자를 포로로 잡았다.

그러나 각지에서 승병까지 합세한 의병이 일어나고 이순신 장군이 제해권을 장악하면서 전세가 바뀌기 시작했다. 진주목사 김시민은 10월 관군과 백성과 힘을 모아 1차 진주성 싸움에서 전과를 올렸다. 명나라 원군까지 합세

••• 『징비록』쓴 유성룡

하면서 조명연합군은 왜군이 주둔한 평양성을 공격했다.

프로이스는 조선인들이 처음에는 일본군을 매우 무서워했지만 결코 굴복하지 않았다고 하였다. 그리고 조선의 배가 공격하기 시작했는데 조선의 배는 견고하고 높았기 때문에 일본배를 압도했으며 무기, 탄약, 식량을 가득 싣고 다녔다고 적었다.

유성룡은 『징비록』에서 이순신 장군의 거북선과 왜군의 전선에 다음과 같이 전했다.

'이순신은 거북선(龜船)을 창조했는데 목판으로 배 위를 덮으니 형상이 가운데가 높아 마치 거북과 같았으며, 싸우는 군사와 노젓는 사람들은 모두 배 안에 있고 좌우와 전후에 화포를 많이 싣고 마음대로 드나들기를 마치 베 짜는 북과 같이 행동했다.

적의 장수가 누선에 탔는데 그 배는 높이가 서너 길이나 되고 배 위에 망루가 있으며 붉은 비단과 채색 담요로 그 곁을 둘렀다. 이것 또한 (이순신의)대포에 맞아 부서지고 적병은 모두 물에 빠져 죽었다. 적군은 잇달아 싸웠으나 모두 패전하여 부산과 거제로 도망쳐 간

•

논개 영정(상상도)

노량해전의 첨자진도

후 다시는 나오지 못했다.'

일본군은 점차 전쟁에 지치고 식량이 떨어지자 한양에 집결해 협상을 모색했다. 고니시 유키나가가 명나라 사신을 데리고 1593년 5월 8일 부산을 출발해 5월 15일 나고야 성에 도착했다.

이때 도요토미 히데요시는 명나라 사신에게 다음을 요구하였다. 첫째, 조선의 영토 가운데 5개 영국領國을 넘겨줄 것. 둘째, 화해의 증거로 중국의 황녀 한 사람을 일본의 황후로 보낼 것. 셋째, 이전에 일본과 중국 사이에 이뤄졌던 교역을 재개할 것. 넷째, 일본에 대한 충성과 예속의 증거를 보일 것 등이었다. 회답이 올 때까지 전투를 중지할 것을 결정했다.

도요토미 히데요시는 군대 일부를 조선에 남겨두고 나머지는 일단 일본으로 철수하라고 명령을 내렸다. 그러나 진주성에서 1차 패배한 것에 대한 보복으로 가토 기요마사를 시켜 대대적인 공격을 명령했다. 진주성 전투에서 일본군은 운제를 사용하고 귀갑차를 이용해 총공격을 퍼부었다.

한편 도요토미 히데요시를 다룬 전기인 『회본 태합기』에는 논개의 투신이 소개될 정도로 논개의 정절에 대한 이야기는 일본에서도 유명했다.

진주성을 함락시킨 일본군들은 히데요시의 명령에 따라 12군데에 왜성을 쌓았다. 성벽과 초소에 하얀 회반죽을 칠하고 중앙에 지휘 본부로 쓰이는 높은 망루인 천수각天守閣을 올렸다. 성채가 완성되고 군량이 분배되자 4만7000명의 왜병들만 남기고 나머지는 모두 귀환했다.

도요토미 히데요시의 요구를 받은 명나라는 아연실색했다. 중국 황제는 현재 일왕의 왕위를 박탈하고 도요토미 히데요시를 일본 국왕에 책봉하겠다고 나섰다.

1596년 명나라가 사신을 파견해 도요토미 히데요시를 국왕에 봉하는 책서와 금인金印을 내리자 히데요시는 격노했다. 히데요시는 1597년 조선을 다시 침략하라는 명을 내린다.

강화협상 결렬, 정유재란 발발

14만 명의 왜군을 보내 조선을 재침한 것이 정유재란이다. 초기에는

이순신 장군이 파직되고 후임이 된 원균이 거제 전투에서 참패하면서 사정이 다급했다. 그러나 명나라 군대가 직산 근처에서 구로다 군대를 크게 쳐부수고 이순신 장군이 다시 통제사로 기용되면서 전세가 바뀌었다. 이순신 장군은 전승을 이어나갔고 노량진대첩을 끝으로 위태로웠던 조선을 구했다. 왜장 고니시는 시마즈 요시히로에게 구원을 요청해, 500여 척중 겨우 50여 척을 이끌고 도망쳤다.

히데요시는 자신의 부하들이 조선 땅에서 죽어가는 가운데 1598년 6월 8일 절에서 벚꽃놀이를 마친 뒤 여름부터 앓기 시작했다. 다음 달 초순 무렵 병석에서 일어나지 못하고 병세는 날로 악화됐다.

자신의 운명을 예감한 히데요시는 부하들을 불러모았다. 자신의 여섯

살 난 아들 히데요리의 안위를 우려했기 때문이다. 당시 가장 강력한 힘을 가진 도쿠가와 이에야스를 곁으로 불러 "내 자식과 일본의 통치를 그대 손에 넘기기로 한다. 내 자식이 통치할 수 있는 나이가 되면 정권을 넘겨줄 것으로 기대한다"며 도쿠가와 이에야스의 두 살 난 손녀딸과 히데요리의 혼약을 맹세하게 했다. 히데요리와 이에야스의 손녀딸은 히데요시의 병상에서 혼례를 올렸다. 히데요시는 이에야스를 비롯해 다른 영주들이 충성을 맹세하도록 했다. 아울러 조선에 출병한 영주들이 귀국할 때까지 자신의 죽음을 비밀에 부치라고 명했다.

도요토미 히데요시의 사망 소식은 왜장들에게 은밀히 전달됐고 조선에 출병했던 왜병들은 돌아갔다. 길고 참혹했던 임진왜란이 막을 내렸다.

프로이스는 임진왜란에 15만 명이 조선으로 출병했고 그중 5만 명이 사망했다고 썼다. 프로이스는 "조선인 사망자와 포로로 끌려온 숫자는 일본인과는 비교할 수 없을 만큼 많다. 교토와 그 외의 지방에 끌려온 자들을 제외하고도 이곳 규슈에 있는 조선인 포로만 해도 그 수를 헤아릴 수 없다"고 했다.

히라도 번주인 마쓰라 시게노부는 임진왜란 당시 조선 침공의 길잡이 역할을 했다. 마쓰라 시게노부는 고니시 유키나가의 제1부대에 참여해 7년간 전투를 치렀다. 마쓰라 시게노부는 조선 출병에 3000명의 부하를 데려갔는데 그중 1918명이 전사했다. 그러나 일본으로 돌아올 때는 모두 7200명을 데리고 왔다. 나머지 사람은 모두 조선에서 무자비하게 끌고 온 남녀 포로들이었던 것이다. 왜군이 얼마나 많은 조선 사람을 끌고 왔는지 보여준다.

전쟁의 신이 되길 원했던 도요토미 히데요시

생전의 도요토미 히데요시는 자신이 신으로 받들어지기를 원했다. 자신이 죽으면 화장 대신 자신의 화려한 관을 오사카성 안에 안치하라고 명했다. 새로운 하치만(八幡, 무가의 수호신)으로, 국민들에게 전쟁의 신인 군신軍神으로 추앙받기를 원했던 것이다. 그러나 히데요시는 1598년 9월 18일 62세로 사망한 뒤 뒤따르는 사람도 없이 교토 동쪽 아미타 산봉우리에 매장됐다.

히데요시가 죽자 사후 권력을 차지하는 전쟁이 벌어졌고 왜장 고니시 유키나가는 서쪽 세력이 됐다. 왜장 가토 기요마사는 권력자로 부상한 도쿠가와 이에야스의 편을 들어 동쪽 세력으로 합류했다. 도쿠가와 이에야스 군은 히데요시의 오사카성을 함락하고 히데요시의 '풍국대명신'이라는 시호를 박탈했다. 히데요시의 사당인 풍국사도 파괴됐다. 도쿠가와 이에야스가 일본의 최고 실력자가 되면서 도요토미 히데요시는 역사의 뒤안길로 사라지는 듯 했다.

도요토미 히데요시는 메이지 유신이 성공하면서 화려하게 부활했다. 1868년 메이지 일왕이 권좌에 오르자 도요토미 히데요시를 즉시 복권한다는 명을 내리고 정일품의 관직을 내렸다. 여기에는 메이지 일왕의 계산이 깔려있었다. 그동안 막부에 치여 재력이나 권력의 힘이 부족했던 메이지 일왕은 위엄을 세우고 기반을 다지기 위해 히데요시를 과거로부터 소환했다. 도요토미 히데요시는 혼란스럽던 일본의 전국시대를 잠재운 뒤 일왕의 위엄을 살려 주었다.

도요토미 히데요시의 영웅화는 일본 왕과 일본 제국주의를 정당화하는 이데올로기를 위해 필요했다. 태평양 전쟁 당시 도요토미 히데요시에 대한 영웅화 작업은 최고조에 달했다. 태평양 전쟁 당시 요미우리 신문에 도요토미 히데요시에 대한 글이 연재되면서 대중적인 인기에 불을 붙였다. 히데요시에 대한 연재글은 1939년 1월 1일부터 하루도 거르지 않고 이어졌는데 1945년 8월 15일에서야 중단됐다. 글의 흐름상 히데요시가 채 죽기도 전이었는데 일본이 항복 선언을 하면서 연재도 갑자기 중단됐다.

일본의 제국주의는 일단 막을 내렸지만 도요토미 히데요시는 여전히 역사적 인물로 되살아나 영웅시되고 있다. 1991년 일본 공영방송인 NHK가 여론 조사를 벌인 결과, 일본 국민이 제일 존경하는 인물로 도요토미 히데요시가 뽑혔다.

임진왜란에 동원된 왜병

임진왜란 당시 도요토미 히데요시의 명령을 받고 조선에 출병한 왜군 병력은 다음과 같다. 도요토미 히데요시의 출병 명령을 거부하는 것은 죽음을 의미했다. 히데요시는 조선으로 간 왜장과 왜군이 몰래 일본으로 도망쳐올 것을 우려해 감시를 철저히 했다.

제1진은 고니시 유키나가 7000명, 소 요시토시 5000명. 마츠라 시게노부 3000명, 아리마 하루노부 1000명. 고토 스미하루 700명 등 1만6700명.

제2진은 가토 기요마사 10,000명. 나베시마 나오시게 12,000명, 사가라 나가츠네 800명 등 22, 800명.

제3진 구로다 나가마사 5000명 오토모 요시무네 6000명 등 11,000명

제4진 시마즈 요시히로 10,000명, 모리 가츠노부 2000명, 모리 요시나리 2000명, 아키츠키 다네나가 15,000명 이토 스케타카 1500명 등 17,000명

제5진 후쿠시마 마사노리 4800명, 도다 가츠타카 3900명 등 8700명

제6진 하치스가 이에마사 7200명, 조소가베 모토치카 3000명 이코마 치카마사 5500명 등 15,700명

제7진 고바야카와 다카카게 10,000명 고바야카와 히데카네 1500명, 다치바나 무네시게 2500명, 다치바나 나오츠구 800명 지쿠시 히로카도 900명 등 15,700명

제8진 모리 데루모토 30,000명

제9진 우키타 히데이에 10,000명

수군(水軍) 구키 요시타카, 와키사카 야스하루, 가토 요시아키 9,450명

추가병력 호소카와 다다오키, 모리 히데카츠 10,000명

후방 이시다 미츠나리, 마스다 나가모리, 오타니 요시츠구 60,000명

일본에 있던 조선인수

일제강점기 때 일본 관리를 비롯해 무뢰한들이 대거 조선으로 몰려왔다. 이와 함께 조선의 민중들도 일본으로 건너갈 수밖에 없었다.

일본은 조선에서 쌀을 싸게 사들여 자국의 식량 부족을 메웠고 이 덕분에 외국에서 식량을 사들이지 않아 외화 유출을 크게 줄였다. 반면 조선은 수확한 쌀이 대거 일본으로 실려 나가면서 엄청난 쌀 부족을 겪었다. 일제의 토지조사를 통해 농사지을 땅을 뺏기고 쌀 값마저 폭등하자 서민들은 살기가 힘들어졌다. 하는 수 없이 일거리를 찾아 일본으로 건너갔다. 1939년 이후 일본으로 건너가는 사람은 크게 늘었고 1945년 광복 당시는 거의 200만 명에 가까웠다. 일본은 한국인 노동자로 부족한 노동력을 채우면서 저임금으로 눌렀고 이 때문에 한국인의 일본행을 장려했다. 1930년대 일본인 하루 임금은 2원50전~3원40전이었는데 조선인은 1원40전~1원80전밖에 받지 못했다. 조선 여성으로 미숙련 노동자는 하루 15전밖에 받지 못하는 최악의 상황이었다.

1941년 무렵 교토에는 약 8만 명의 한국인이 살았는데 하천 부지나 변두리에 누추한 집을 짓고 살았다. 일본인이 한국인에게는 집을 빌려주지 않았다. 일본인들은 한국인이 모여 사는 곳을 돼지우리라며 멸시했다. 한국인은 일본에서 가장 위험한 일을 맡아 했다. 한국인이 일본에 가면 오사카 급행 전철인 한큐(阪急)선을 많이 이용하는데, 1920년대 한큐선을 건설할 때 재일 한국인이 대거 동원됐다. 그밖에 우지 화약제조소, 우지수력발전소, 마이즈루 제3해군 화약창 등 위험하고 험난한 일에 동원됐다.

교토 도시샤대학 영문과에 유학하던 시인 정지용은 한국인들이 위험한 공사에 동원되고 학대받는 모습을 보고 이를 작품으로 옮기기도 했다. 정지용뿐 아니라 윤동주 등 한국 학생이 일본 대학에 유학 가는 경우가 많았는데 한국에는 경성제국대학 외에 골라 갈 수 있는 대학이 적었다. 일본 대학이 한국보다 사상과 학문의 자유가 있어 유학 행을 택했다.

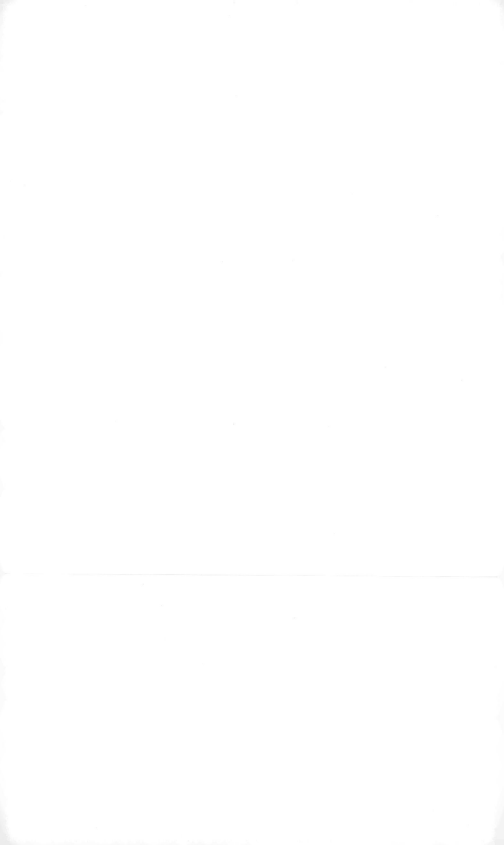

신라 금관

국내서 발굴된 가장 이른 시기의
신라금관(교동금관)과 1972년 기사

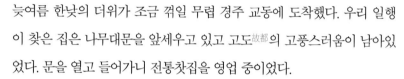

늦여름 한낮의 더위가 조금 꺾일 무렵 경주 교동에 도착했다. 우리 일행이 찾은 집은 나무대문을 앞세우고 있고 고도故都의 고풍스러움이 남아있었다. 문을 열고 들어가니 전통찻집을 영업 중이었다.

정원은 숨이 막힐 듯 무성하게 자라난 풀과 꽃, 나무가 바깥 열기를 가다듬고 있었다. 작업복을 입고 정원의 풀을 뜯고 있던 여주인은 덤덤하게 우릴 맞더니 주문한 차를 내왔다. 차를 마신 우리는 정원과 담장 밑 등을 살피며 교동 금관의 현장을 둘러보았다.

1969년 3월 경주 교동 68번지. 당시 이곳은 '경주 최부잣집'으로 알려진 최 씨 집안의 장손과 사촌지간인 최모 씨 집이었다. 또 다른 최모 씨 (당시 40대)가 주인집의 허물어진 담장을 고쳐주는 조건으로 10개월간 세들어 살게 됐다. 전세나 월세 대신 주인집의 보수를 해주는 대가로 들어와 살게 한 특이한 조건이었다. 당시 집 담장은 7~8m 정도 허물어져 있었다.

세입자 최모 씨가 담장을 고치기 위해 땅을 파면서 사건이 시작된다. 땅을 파다 보니 강 돌이 보이기 시작한 것이다. '어라? 여기서 강 돌이 나오네?' 예사롭지 않았다.

당시 언론 보도와 고미술계 관계자들의 말을 종합해 보면 상황은 다음과 같다. 세입자 최 씨가 강 돌에 민감하게 반응한 것은 도굴 전력이 있었기 때문이라는 것이다. 최 씨가 주위의 눈을 피해 은밀하게 계속 파 내려가다 보니 고분에서 볼 수 있는 흙이 나오기 시작했다.

세입자 최 씨는 주인 몰래 계속 땅을 파 내려가다 뭔가 걸리는 걸 발견했다.

'됐다!' 최 씨는 속으로 환호성을 질렀다. 흙 속에서 오래전에 묻은 금귀걸이가 나오고 다른 유물들이 드러났다. 드디어 최 씨는 눈이 커지고 자신의 입을 틀어막아야 했다.

신라 금관이 나온 것이다.

최 씨는 흙 속에 묻혀있는 유물은 파냈지만 '골동'이라 불리던 고미술품을 살 사람은 몰랐다. 유물을 팔기 위해 골동상을 찾아가 은밀히 금관과 금귀걸이를 보여줬다. 골동상인에게 금귀걸이를 파는 것은 쉬웠지만 가장 기대를 걸었던 금관은 좀체 팔리지 않았다. 신라 금관 하면 보통 출出자 모양의 관식이 있는데, 최 씨가 파낸 금관은 삼지창처럼 생겨 기존 금관과 영 모습이 달랐다. 골동상들은 처음 보는 금관 형태를 보고 선뜻 사지 않았다. 그러나 예리한 눈을 가진 골동상들은 금관의 금속 상태가 옛 무덤에서 나온 것과 같은 것임은 부인하지 못했다.

금관은 팔리지 않았지만 '경주에서 신라 금관이 나왔다'는 소문은 슬슬 퍼지기 시작했다. 이때 경주 교동에서 신라 금관이 나왔다는 소문이 문화재 단속반 귀에도 들어갔다.

1970년대 문화재관리국 문화재 단속반들은 서울 인사동 등을 돌며 탐문을 해야했기 때문에 골동상들과 관계가 나쁘지 않았다. 서로 정보를 주

···
금관이 출토된 집(과거 모습과 현재 모습)

고 받는 사이였다. 문화재관리국은 금관이 나왔다는 소문에 놀라 골동상
과 도굴꾼들을 탐문하기 시작했다. 검찰까지 나섰고 정보를 얻은 끝에 경
주 현지에 내려갔다.

전해져 내려오는 이야기에 따르면 문화재관리국 사람들은 최 씨를 만

나 금관을 넘겨주면 이전에 팔아 이익을 본 금귀걸이 등에 대해서는 불문에 부치겠다고 했다. 결국 최 씨는 1972년 경주 황남동으로 이사한 뒤 아궁이 잿더미에 숨겨놨던 금관을 꺼내놓았다.

최 씨가 금관을 넘겨주자 문화재위원이던 김원룡 박사와 문화재연구실장 김정기 박사 등이 급히 경주로 내려가 유물을 감정하고 회수했다. 감정한 결과 신라 4~5세기경 금관으로 밝혀졌고 국내에서 발굴된 금관 중 가장 이른 시기에 만들어진 것이었다.

그러나 경주 교동 금관은 아직도 국가 지정문화재로 지정받지 못한 채 국립경주박물관에 전시는 되고 있다. 이유는 도굴된 유물이라는 것이다. 하지만 일제강점기 때 도굴꾼들에 의해 파내진 숱한 유물들이 나중에 국보나 보물로 지정된 경우가 많다.

어디 출토인지조차 알 수 없는 유물들도 국보나 보물로 지정되는 상황에서 확실하게 출토지가 밝혀진 교동 금관이 아직도 제대로 된 대접을 받지 못하고 있다. 우리나라에서 가장 오래된 금관이 발견된 경주 교동 68번지에 표지석이라도 남겨야 한다는 게 전문가들의 지적이다.

스웨덴 왕세자의 서봉총 발굴

교동 금관의 발굴 경위도 기구하지만 다른 금관들의 발굴을 둘러싼 사연도 비슷하다. 대부분의 금관이 일제강점기 때 도굴이나 도굴 가까운 발굴이었다. 당시 신라 고분은 도굴되거나 그렇지 않으면 전문가랍시고 온 일본인들이 삽질하는 수준이어서 제대로 된 학술발굴이 아니었다.

1926년 5월 조선총독부는 대구에서 경주를 거쳐 부산에 이르는 철도를 협궤에서 광궤로 바꾸기로 했다. 조선에서 나는 각종 농산물과 자원을 일본으로 실어나르기 위해 철도 이용이 증가하고 있었다. 일본 제국주의의 수탈을 상징하는 것이 여러 개 있지만 그중 하나가 철도 건설이었다.

조선총독부는 궤도를 넓히고 기관차 차고車庫도 짓기로 하고 부지로 선정한 고추밭을 파다가 깜짝 놀랐다. 뜻밖에도 신라 고분이 드러난 것이다. 조선총독부의 촉탁을 받은 일본인 고고학자 고이즈미 아키오가 급히 와서 발굴을 시작했다. 유명한 서봉총의 발굴이었다. 일본은 서봉총 발굴에서 기회주의적 모습을 보이고 조선의 귀한 유물을 농락했다.

일본 정부는 스웨덴의 아돌프 구스타브 왕세자 부부가 일본을 방문한 뒤 조선을 거쳐 중국으로 간다는 소식을 접했다. 왕세자 부부는 루이스 왕세자비의 우울증 치료를 위해 세계 일주를 하며 동아시아를 돌아본다는 계획이었다. 왕세자 부부는 일본 나라 지역의 사찰과 정창원 등을 돌아본 뒤 조선을 방문할 계획이었다. 일본 정부는 서봉총 발굴에 구스타브 왕세자를 참여시키기로 꾀를 냈다. 고고학자인 구스타브 왕세자가 북유럽과 그리스 로마 유적 발굴에 참여했던 경력을 파악하고 선물하듯 서봉총 발굴에 참여시키기로 한 것이다.

일본의 고고학자 하마다 게이사쿠가 구스타브 왕세자를 맞아 말했다.

"조선의 경주라는 곳에서 고분 발굴이 한창인데 한 번 가보지 않으시겠습니까? 금관도 거의 발굴되기 직전입니다. 한번 가보시지요."

구스타브 왕세자는 뛸 듯이 기뻐했다.

"오 그런가요? 당연히 가보고 싶습니다!"

이미 금관이 묻혀있다는 게 보고된 상태여서 서봉총은 대단한 발굴 현장이 틀림없었다. 일본은 고고학자인 구스타브 왕세자에게 아시아 왕실의 금관을 직접 발굴할 기회를 선물한 것이다.

...
스웨덴 구스타브 왕세자의 신라 서봉총 금관 발굴 모습(1926년)

10월 10일 경주로 내려간 구스타브 왕세자는 서봉총에서 고이즈미 아키오의 환대를 받았다.

고이즈미 아키오. 조선총독부는 1921년 경주 금관총이 발견되자 총독부 학무국에 고적조사과를 만들었다. 고이즈미 아키오는 고적조사과가 생기자 경성에 부임했다. 이후 금관총 유물과 다수의 고적 조사에 참여했고 1932년에는 '고분발굴만담'이라는 글까지 남겼다.

'조선의 고분 조사에 종사하고 있는 사람으로서 최근 저들의 난폭하기 그지없는 행위에 대해 슬프고 분함을 금하지 않을 수 없다……이 같은 참상에 이르게 된 것은, 병합 전후부터 일본인이 조선의 시골 마을까지 들어오기 시작한 때부터의 일이다. 일확천금을 꿈꾸고 조선으로 건너온 그들은 금사발이 묻혀있다든가, 정월 초하루에는 금 닭이 묘 안에서 운다든가 하는 전설의 고분을, 요사이 유행인 금산金山이라도 파내는 것처럼 파고 다닌 것 같다. 각지에 주둔하고 있던 헌병까지 그들과 행동을 같이 하는 자가 있었다고 하니 참을 수 없는 일이다. 이런 종류의 도굴은 그 후 차츰 자취를 감추게 되었으나 대신 '호리꾼堀屋'이라는 직업적인 도굴단이 생겼다.'

이랬던 고이즈미 아키오였지만 자신도 기상천외한 일을 저지른다.

서봉총에서 구스타브 왕세자를 맞아 굽실거리며 고이즈미가 말했다.

"왕세자 전하를 기다리고 있었습니다."

고이즈미가 고분을 덮고 있던 흰색 천을 벗겨내자 흙 속에 묻혀있던 금귀걸이, 요패腰佩, 구슬 등 찬란한 유물이 모습을 드러냈다.

"와 놀랍다!"

구스타프 왕세자의 입에서 탄성이 터져 나왔다. 서봉총 발굴 현장에 함께 온 왕세자비와 스웨덴인들도 놀라움을 감추지 못했다.

구스타브 왕세자는 한쪽 무릎을 꿇고 신라 고분의 주인에 대해 예를 올렸다. 그리고 팔을 걷어붙이고 땀을 흘리며 발굴의 희열을 만끽했다.

고이즈미는 구스타브 왕세자에게 말했다.

"왕세자 전하, 금관을 직접 수습해 주시지요."

흙 속에 묻혀있는 금관의 또렷한 형상이 장중하면서도 지극히 아름다웠다.

입을 다물지 못하던 구스타브 왕세자는 조심스레 금관을 수습해 나무 상자에 조심스럽게 옮겼다.

당시 제국주의자들이 세계 곳곳을 휘젓고 다니며 멋대로 다른 나라의 고대 유물을 파냈다. 하지만 조선 같은 오랜 역사를 가진 아시아 국가에서 최고의 왕실유물을 발굴하기는 쉽지 않았다. 구스타브 왕세자로선 생애 한 번 있을까 말까 한 행운이 아니었을까.

금관의 끝에 새 형상이 있어 일본 고고학자들은 이를 봉황으로 생각했다. 당시 스웨덴을 서전瑞典이라 불렀다. 구스타브 황제가 발굴했다고 해서 서전의 '서'를 따고 봉황의 '봉'을 따서 이 고분은 서봉총이라 이름 붙였다.

일본 제국주의자들의 간교함은 여기서 그치지 않았다.

사이토 조선총독은 구스타브 왕세자 부부의 조선 방문을 기념해 축하연을 열고, 고려청자와 금귀걸이를 선물했다. 다른 나라를 강점하고 그나라 선조의 무덤을 도굴하다시피 해 가져온 유물을 마음대로 선물한 것이다. 경주에서 금관 발굴 참여라는 행운을 경험한 구스타브 왕세자는 1950년 왕위에 올랐다.

'연수원년 신묘'가 새겨진 은합

서봉총금관을 쓴 평양기생 신문기사

서봉총의 중요한 의미는 또 있었다. 서봉총 고분에서 '태왕', '연수원년延壽元年', '신묘辛卯' 등의 명문이 새긴 은합이 발견됐다. 태왕은 고구려 광개토태왕에서 보여지듯 고구려의 왕을 지칭했다. 무덤에 묻힌 주인에 대한 정보를 알려주는 중요한 은합이었다. 신묘년이란 간지를 생각할 때 광개토태왕의 즉위년(신묘년, 391년)이나 장수왕 때인 451년으로 제작 연대를 추정할 수 있다. 당시 신라는 고구려의 신하국이었기 때문에 고구려에서 하사한 은합인 것으로 보인다. 광개토태왕의 즉위기념품으로 하사한 것으로 보는 주장에 더 무게가 실린다.

서봉총에서는 남성이 묻힌 고분에서와 달리 관모나 칼 등이 보이지 않아 여성의 무덤이 아니었을까 하는 주장이 많다. 금관이 나온 것으로 보아 왕후일 가능성도 높다.

기생에게 신라금관을 씌우다

서봉총에 얽힌 기막힌 사연은 끝나지 않았다.

서봉총 발굴이 끝나고 한참 뒤인 1935년 9월이었다. 일제강점기 당시 평양박물관은 제1회 '고적애호일'을 정하고 그 기념으로 특별전을 기획했다. 지금으로 보면 '문화재사랑 관람일' 정도일 것이다. 특별전으로 경성박물관에 소장 중인 서봉총 출토 금제 유물을 전시했다. 물론 서봉총의 꽃인 금관도 함께 전시됐다. 당시 평양박물관장은 바로 고이즈미 아키오, 서봉총 발굴책임자였다. 서봉총을 발굴했던 당사자였기에 국보급 금관을 평양박물관으로 빌려와 전시할 수 있었다. 지금으로 생각하면 경주박물관에서 특별전을 하면서 국립중앙박물관의 중요 국보를 빌려온 상황이었다.

서봉총 금관은 대단한 국보였기 때문에 전시는 삼엄한 경비 속에 진행됐고 평양 시내의 내로라 하는 유지들과 학교 교직원, 학생들이 서봉총 금관을 관람했다.

전시가 끝나고 경성박물관에 되돌려주기 전날 성공적인 특별전을 축하하는 연회가 벌어졌다. 평양 유지들이 모이고 일본인 고급 관리들이 줄줄이 모였다. 술자리가 거나해지면서 고이즈미가 상상할 수도 없는 일을 저질렀다.

서봉총 금관을 연회에 불려온 평양기생 차릉파車綾波에게 씌웠던 것이다. 심지어 금제 허리띠와 목걸이, 금귀걸이까지 걸치도록 했다. 연회 자리에 국보를 가지고 나온 것은 평양 유지와 기관장들에게 직접 보고 만질 수 있게 한 것인데 술에 취해 이를 기생에 씌워 기념사진까지 찍은 것이다. 도저히 할 수 없고, 해서는 안 되는 일을 저지른 것이다. 금속유물을 다룰 때는 손에 있는 소금기 등이 닿지 않도록 장갑을 끼고 극도로 조심스레 다뤄야 한다. 1000년이나 된 금관에 대해 상상할 수도 없는 행태를 저지른 일이 뒤늦게 알려졌다. 조선을 얕보고 이 땅에서 출토된 유물

...
일제강점기 금령총 발굴현장

을 깔보지 않고서는 일어날 수 없는 일이었다.

 고이즈미는 다음날 이를 쉬쉬했지만 금관을 쓴 기생 차릉파의 사진이 평양 시내에 돌면서 커다란 파문이 일었다. 금관을 쓰고 목걸이와 금제 허리띠, 금귀걸이를 한 차릉파의 사진이 신문 지상에 보도됐다. 신라 왕실의 금관을 희롱하고 조선을 희롱한 것에 조선인들은 들끓었다(1936년 6월 26일자 부산일보). 소설가 이효석은 『은은한 빛』이란 작품에서 서봉총 금관 사건을 빗대어 형상화했다. 작품에서 평양박물관장의 이름이 '호리'라고 나오는데, 당시 고분을 몰래 도굴하던 자들을 호리꾼이라 불렀다. 평양박물관장 고이즈미에게 호리꾼이란 이름을 붙여 모욕을 준 것이다.

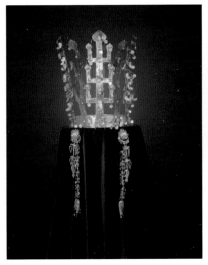

서봉총 금관(보물 제339호)과 일제강점기 출토 당시 모습

　서봉총에서 금관을 가지고 농락한 평양박물관장 고이즈미 아키오의
작태를 보면 다른 비非전문가들은 조선의 유물을 어떻게 다뤘는지 알 수
있다. 고이즈미는 이 일로 조선총독부에 시말서를 쓰는 선에서 그쳤다.

　서봉총의 새(봉황)를 형상화한 금관식은 외관을 잡아주는 고정대 역할
을 하는 것으로 용과 함께 제왕의 강력한 왕권을 상징한다. 신라 금관 중
에 유일하게 봉황이 장식된 금관으로 훗날에는 스키타이 금관의 새 장식
과 혼동하여 신라금관의 원류를 스키타이 금관으로 주장하는 오류를 범
하게 된다. 스키타이 금관의 새 장식은 독수리로, 제우스를 상징하지만
서봉총 금관의 봉황과는 의미가 다르다.

금관총 아닌 이사지왕릉으로 불러야

일제강점기에 최초로 신라 금관이 출토된 고분은 금관총이었다.

1921년 9월 경주 노서동의 주택에서 집을 넓히기 위해 집 앞 경사진 언덕의 흙을 파내 터 고르기를 하고 있었다. 동네 아이들이 여기서 나온 작은 구슬을 들고 다녔고 이를 본 일본 순사가 달려와 흙을 파냈다. 순사는 흙을 파내 다 유물이 나오는 걸 확인하고 조선총독부에 알렸다. 발굴을 시작하니 금제허리띠, 금귀고리, 금팔찌, 금반지 등 수많은 유물이 나타났다. 금관이 출토되어 '금관총'이란 이름을 붙였고, 신라 금관이 처음으로 나오자 전 세계 고고학계가 커다란 관심을 가졌다. 일제는 한국을 '자국'이라 부르며 일본 영토에서 발견된 최초의 금관이라며 대대적으로 홍보했다. 심지어 '동양의 투탕카멘'이라며 어용학자들을 동원해 선전했다.

이후 1924년에 식리총이, 1926년에는 금령총과 서봉총이 1934년에 황남리109호 무덤이 일제강점기 때 발굴된 대표적인 신라 무덤이다.

금관총 발굴은 짧은 시간에 졸속으로 진행됐다. 이후 2015년 정식으로 재발굴을 하던 중 일제강점기 때 발견하지 못한 유물들이 나왔다. 일제강점기 때 출토된 유물을 보존처리하는 과정에서 칼끝 장식 양면과 손잡이 부분에서 중요한 명문을 확인했다.

세고리칼의 칼집 끝 금동장식에서 '尒斯智王^(이사지왕) 尒斯智王刀^(도)'란 명문이 나온 것이다. 이사지왕은 그러나 『삼국사기』나 『삼국유사』에 기록되지 않은 신라왕의 이름이었다. '尒斯智王^(이사지왕)' 명문은 대단한 발견으로 커다란 의미를 갖는다. 그동안 발굴된 신라 무덤에는 묘지석이나 비석이 발견되지 않아 묻힌 사람의 신원을 알 수가 없었다. 금관총에서 처음으로 신라왕의 이름이 무덤에서 확인된 것이다. 함께 묻는 칼은 보통

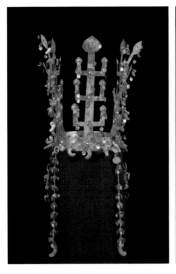

이사지왕 금관   '이사지왕도' 명문이 있는 칼

생존시 쓰던 칼을 부장하기 때문이다. 이제 금관총 금관은 '이사지왕 금관'으로 불러야 한다.

신라 금관의 의미

고구려, 백제, 신라도 있었는데 유독 신라 금관이 많이 출토되고 유물이 많이 남은 이유는 무엇일까.

5~6세기 신라에서 유행한 무덤 구조에 이유가 있다. 당시 신라 왕이나 높은 신분의 사람 무덤은 나무로 만든 방에 피장자와 부장품을 넣고 강돌과 돌, 흙을 쌓아서 봉분을 산처럼 만들었다. 세월이 흐르면 무덤 속의 나무 방은 썩어 무너지고 그 위를 덮은 흙과 강 돌이 쏟아져 부장품 위로 덮친다. 도굴꾼이 부장품을 꺼내려면 산더미 같이 쌓인 강 돌과 흙을 일

일이 파내야하기 때문에 일제강점기 때 그나마 도굴꾼의 손을 덜 탔다.

밤에 유물만 몰래 빼가는 일이 불가능했던 것이다. 덕분에 금관과 금귀고리, 금허리띠, 금팔찌 등 신라 유물은 상대적으로 많이 살아남았고 신라는 '황금의 나라'라는 이름을 얻기까지 했다.

한편 신라 금관의 상징이나 용도에 대한 심각한 오류가 바로잡아져야 한다는 주장이 나왔다. 김대환 상명대 석좌교수는 최근 낸『한국의 금관』에서 신라 금관의 장식은 용의 뿔을 형상화한 것이라고 주장했다. 지금까지는 위로 세운 금관의 세움 장식을 나뭇가지나 사슴뿔이라고 했지만, 용의 뿔이라는 것이다. 그는 "용은 우주 만물의 신성한 질서를 상징하는 최고의 동물로 국가의 수호와 왕실의 조상신으로 제왕의 절대 권력을 상징했다"고 주장했다. 용의 눈, 코, 입, 귀, 수염은 인간 모두에게 있지만 단 하나 용의 뿔은 사람에게 없는 것으로 절대 권력을 상징했다. 신라 왕들은 용의 뿔을 형상화한 금관을 씀으로써 절대 권력과 하늘로부터 받은 신성한 존재임을 나타냈다. 세움장식이 점차 화려해지고 입체적이 된 것은 용의 뿔을 처음에는 정면에서 보이는 것으로만 형상화했다가 옆에서

교동 금관(왼쪽)의 세움장식과 같은 모양의 용의 뿔(진전사지 출토 금동 용두)

보이는 모습까지 표현하면서 입체화됐다는 주장이다. 또한, 금관이 실제 사용한 것인가 아니면 단순 부장용인가 하는 문제에 있어서는 국내 모든 금관을 면밀히 조사했다. 그 결과 금관에 단 곡옥曲玉의 크기와 종류가 모두 일치하지 않고 곡옥에 뚫린 구멍의 크기나 위치도 다른 것이 많아서 금관을 오랜기간 사용하면서 보수한 증거로 확인하였다. 금관을 착용하면서 크기를 넓히기도 하고 금이 간 부분을 보수한 흔적이 남아있기 때문이다.*

전국의 고분 파헤쳐 유물 약탈

조선에서 벌어진 일본인들의 문화재 약탈은 일본인들조차 혀를 내두를 정도였다.

조선총독부박물관장을 지낸 후지타 료사쿠는 논문 '조선고적연구회의 창립과 그 사업'에서 이같이 고발했다.

"다이쇼 13년(1924)부터 15년(1926)까지 평양 부근 낙랑고분 500~600기가 도굴됐다. 쇼와 2년(1927) 여름에는 남조선에서 가장 완전하고 중요시되던 양산의 고분이 하나도 남김없이 도굴되었다. 임나의 유적, 창녕의 고분은 쇼와 5년(1930) 여름철 1~2개월 사이에 모두 파괴되었다. 개성과 강화도를 중심으로 하는 고려 시대의 능묘는 고려자기 채집 때문에 바닥부터 파괴되고 능묘도 공동空洞이 되어버리는 상황으로 그 참혹함이 조선 전체에 이르고 있다."

일본 정부가 조직적으로 조선의 문화재와 유물을 약탈하기 위해 발탁

---

* 김대환, 『한국의 금관』, 경인문화사, 2020

한 사람은 도쿄제국대학 조교수였던 세키노 다다시였다. 그는 일본 정부의 촉탁으로 1902년부터 한국 고건축 조사를 시작했고 1904년『한국건축조사보고』라는 책을 냈다. 이 책은 조선을 강점한 조선총독부터 일본인 호리꾼까지 '조선 문화재'라는 금맥에 대한 정보를 제공했다. 일본인들은 세련되면서도 화려하고 높은 수준의 조선 문화재에 열광했다.

••• 세키노 다다시

세키노는 1909년보다 본격적인 조사를 재개했는데 원주 수비대 장교 숙사에서 숙식까지 하면서 온갖 편의를 제공받았다. 세키노는 조선 전국을 샅샅이 돌며 중요 고적에 대한 자세한 조사를 마쳤다. 1909년의 고적 조사가 한국 정부의 위촉을 받은 것이라고 했지만 그것은 허울뿐 이미 일제가 완전히 한국 정부를 장악하고 있었다. 고적 조사를 위촉하고 고분 발굴을 허락하고 일본으로 유물까지 실어가게 허용한 것은 일제의 치밀한 계획에 따른 것이었다. 합법적인 유물 약탈과 발굴을 앞세운 유적 파괴를 허가한 것은 한국 정부의 탁지부였지만 탁지부를 움켜쥐고 있는 사람은 일본인 차관 아라이 겐타로였다. 당시 한국은 일제의 강압에 의해 정부 요직이 차관에 의해 장악된, 차관정치가 벌어지고 있었다. 세키노에게 한국 곳곳을 뒤지며 사적을 조사하게 한 자가 아라이 겐타로였다.

세키노는 일본으로 돌아가 1912년 4월 16일부터 3일간 도쿄제국대학 건축학과에서 낙랑고분 출토품을 전시했다. 고적 조사를 명분으로 발굴

...
고령 가야 고분군

한 유물을 맘대로 가져와 일본 도쿄제국대학에서 전시한 것이다.

　일본인 학자는 이 전시에 대해 "세키노 조교수 일행이 조선에서 세 차례에 걸쳐 가지고 온 것으로 재료가 풍부하여 일일이 셀 수 없다. (중략) 도기는 고려자기라 불리어 그저 감상하는데 그치지 않고 골동품 수집으로 천금을 들여도 아깝지 않은 것이어서 고려 시대 요업의 발전을 여실히 보여주고 있다. (중략) 100점이 넘는 동경銅鏡은 모두 부장품으로 고려 시대 도금술의 정도를 짐작할 수 있다. (중략) 평창 오대산 및 봉화 태백산의 사고史庫는 모두 선조 시대에 만들어진 것으로 이조실록 등과 함께 영구히 보존할 가치가 있다. 오대산 조선실록은 지난 12월에 옮겨져 도쿄제국대학 부속도서관에 소장되어 있다."

조선 왕조실록도 일본이 강탈해 도쿄제국대학에 소장한 사실을 밝히고 있다.

1913년 세키노는 광개토태왕비가 있는 중국 집안 지역의 고구려 유적을 조사하면서 아이들에게 유물을 2개 주워오면 1전을 주겠다고 하여 2시간 만에 200여 개를 모았다. 세키노는 이를 일본으로 가져가 도쿄제국대학 표본실과 도쿄제실박물관 역사부에 기증했다. 광개토태왕릉에서 출토된 기와 100여 점은 일본 고고학회에 기증했고 심지어 학회 참석자에게 추첨을 통해 경품으로 나눠주기까지 했다.

일본군 밀정이 광개토태왕비 보고

세키노가 중국 집안 지역을 세밀히 조사하기 전인 1879년의 일이다. 만주지역을 점령하기 위해 일본 군국주의자들은 12명의 일본인 청년 장교와 하사관을 파견했다. 이들은 조선을 거쳐 중국 각지에 침투해 비밀리에 정보를 수집하고 있었다. 청일전쟁을 앞두고 현지 상황을 정탐하기 위해 파견된 스파이들이었다. 야마가타 아리토모 일본 육군 참모총장은 이들에게 "군 작전상 필요한 모든 지역의 지리와 정세를 완벽하게 파악하라"는 지령을 내렸다.

야마가타 아리토모는 조슈 번 출신으로 일본에 육군을 세운 군국주의의 핵심 인물이다. 일본에 징병제를 도입하는 데 앞장서고 일왕에 대한 절대적 복종을 강조하는 군국주의적 교육을 실행했다. 청일전쟁과 러일전쟁을 지휘했으며 후에 총리대신에까지 올랐다.

지령을 받은 일본군 스파이들은 어학연습생으로 청나라를 여행 중이라고 위장했다. 일본 스파이 장교 중 조선과 청나라 국경 지역에서 몰래

일제강점기 당시 중국 집안에 있는 광개토태왕비

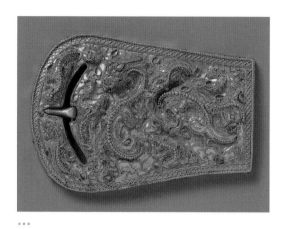

평양 석암리 금제띠고리 (국보 제89호)

활동하고 있던 가게노부(酒勾景信)라는 포병 중위가 있었다. 가게노부는 고구려 유적지가 있는 집안에서 거대한 자연석을 깎아 세운 비석을 발견하고 4개 면의 비문을 탁본했다. 비문 일부를 일제의 침략주의에 유리하게 조작한 혐의를 받는 쌍구가묵본雙鉤加墨本(비문 위에 종이를 대고 글자 주변을 선으로 그리는 것)였다. 1884년 가게노부가 일본의 육군 참모본부로 탁본을 제출했고 참모본부는 '391년에 왜군이 바다를 건너와(來渡海) 백제 신라를 쳐서 신민으로 만들었다'로 해석했다.

언론인 이구열 씨에 따르면 일제 참모본부는 광개토태왕릉비를 정확히 탁본해오도록 한 뒤 가게노부 중위가 가져온 탁본과 비교한 뒤 조작해놓은 부분을 진짜로 만드는 작업에 들어갔다. 중국 집안에 기술자를 보내 광개토태왕릉 비석 전체에 석회를 이겨 바르고 조작한 문구를 새겨넣은 것이다. 그러나 세월이 지나면서 석회 물질이 떨어져 나갔다. 일본이 바다를 건너왔다는 '내도해來渡海' 세 글자가 사라져버린 것이다. 이 세 글자는 원래 비문에 없었던 것으로, 일본이 석회를 발라 새겨 넣었다는 것이 재일 사학자 이진희 씨의 주장이다.

세키노도 1914년 광개토태왕비문 조작설을 암시하는 언급을 했다.

"자세히 조사해 보건대 문자의 간지間地는 석회로 메워져 있을 뿐 아니라 왕왕 자획을 보태고 또는 완전히 새로운 석회 면에 문자를 새긴 것도 있다. 이 같은 보족補足은 대체로 원자原子와 잘못이 없는 것 같으나 그렇더라도 절대적으로 믿긴 어렵다. 다소의 오독誤讀도 있는 것 같다." 당시 일본인 학자는 "호태왕비(고구려 광개토태왕비) 탁본은 편의상 매년 회칠을 한 탓에 문자가 잘못된 경우가 있다"고 밝혔다.*

세키노는 1909년 대동강 주변 고분도 조사했는데 당시 평양일보 사장이던 시라카와 마사하루에게 대동강 남쪽에 수많은 고분이 있다고 들었던 것이다. 같은 해 역시 도쿄제국대학 하기노 요시유키와 이마니시 류도 대동강 주변에서 고분 1기를 발굴했다. 그러나 이때 벌인 고분 조사는 정식으로 보고서도 내지 않았고 『조선고적도보』에 사진만 실었다. 세키노가 발굴한 고분 출토 유물들은 도쿄제국대학으로 직행했다. 하기노가 발굴한 유물도 모두 도쿄제국대학으로 가 보관되었는데 관동대지진 때 모두 소실되고 말았다.

1916년 10월 세키노가 이끈 발굴대가 평양 근교의 대동강 남쪽에서 낙랑고분 10기를 발굴했을 때 금제교구 등 엄청난 유물들이 쏟아져 나왔다. 순금을 놀라울 정도로 섬세하게 세공하고 비취를 넣은 이 교구(허리띠 고리)는 정교하면서도 아름다운 낙랑시대 문화의 극치를 보여주는 세계적

* 이구열, 『한국 문화재 수난사』, 돌베개, 2013

202

인 발견이었다.

"대동강 주변 낙랑고분에 순금 보화가 무더기로 있다"고 알려지자 호리꾼들이 벌떼처럼 달려들었다. 전국의 도굴꾼과 골동상, 무뢰배들이 평양으로 모여들었고 도굴이 걷잡을 수 없이 일어났다. 일본인들은 대동강 일대의 낙랑고분을 "땅속에 묻힌 정창원正倉院(일본에 있는 고대 보물을 모은 창고)" 이라며 달려 들었다.

'조선일일신문' 평양지국장이던 핫타 쇼메이는 『낙랑과 전설의 평양』을 써서 당시 얼마나 도굴이 극심했는지 보여줬다. 그는 책에서 '1916년 세키노 박사 일행이 석암리 제9호 목곽분을 발굴하여 백 수십 점의 귀중한 부장품을 채집함으로써 낙랑에 대한 연구 열기가 점차 민간에도 퍼졌다. 1922년에는 개성 부근 고려 시대 고분에서 고려 도자기를 도굴하며 배운 패들이 낙랑고분에 눈을 돌려 점차 도굴을 시작하였다. 도굴이 가장 성했던 시기는 1924년부터 1925년까지다. 5년간 대도굴 시대가 전개되고 당국도 엄중하게 단속하지 않고 오히려 관직에 있는 일부 인사들이 고분 출토품을 대중보다 먼저 앞다투어 구했다. 심지어 관립학교의 선생이 백주 대낮에 당당하게 몇 명의 인부를 거느리고 무덤 위부터 마구 파헤쳐 쓸 만한 부장품을 꺼냈다. 어디서 어떤 연줄을 끌어 연락했는지 경성이나 교토 방면의 호사가와 다리를 놓아 도굴품 중에서도 일품은 몰래 보내 2, 3배가 되는 보수를 손에 넣었다.

호가 1만 엔의 거섭원년居攝元年(전한의 연호, 기원 6년) 명문이 새겨진 화문경(꽃무늬가 있는 거울)이나, 1엔 주고 산 평양고등보통학교의 진과秦戈 녹유도호(녹유를 바른 도자기 항아리), 녹유박산로(녹유를 바른 향로) 등 고고학상의 고증자료 및 골동품 가치로 보아서도 일품인 상당수가 이때 발굴되었다. 도굴된 것이

일제강점기 개성 공민왕릉

고려 공민왕릉에서 출토된 것으로 전해지는 황금용두잔과 황금합

기에 출토 지점이나 함께 출토된 것이 명확하지 않아 전문가들이 매우 유감스러워하는 것 같다'고 썼다.

전체 1386기 고분 중에서 사람의 손이 닿지 않은 고분은 10분의 1 수준인 140기 정도로, 나머지는 모두 도굴된 것으로 추정했다.

평양에서 도굴된 유물을 주로 사들이거나 도굴을 부추긴 자들 중에는 평양여학교장을 지낸 시라카미 주키치가 있었다. 학교장이 이럴 정도였으니 다른 일본인들은 어떠했는지 짐작할 수 있다.

조선총독부는 부장품을 훔치는 도굴과 마구 파헤치는 난굴이 극에 달하자 낙랑박물관 내에 낙랑연구소를 세웠다. 연구원으로는 오바 쓰네키치(도쿄미술학교 강사), 하라다 요시토(도쿄대학 교수), 우메하라 스에지(교토대학 조교수), 후지타 료사쿠(경성대학 교수, 총독부박물관장)가 있었다. 도쿄예술대학이 금착金錯 수렵문양동통(사냥하는 문양이 있는 금도금한 통)을 1927년 7월 6일 사들였는데 이 유물을 판 자는 바로 낙랑연구소의 연구원 오바 쓰네키치였다. 도굴과 난굴을 피하고 제대로 된 조사를 하라고 세운 연구소 연구원이 유물을 내다 판 것이다.

1927년 여름에는 양산 고분군이 한 기도 빠짐없이 도굴되었고, 창녕의 고분은 1930년 여름 한두 달 사이에 전부 파괴됐다.

이마니시 류가 1917년 쓴 '고려제능묘 조사 보고서'에 따르면 고려 공민왕의 현릉은 1902년 세키노 다다시가 한국 건축 조사를 실시했을 때에는 도굴 흔적이 없었는데 자신이 조사했을 때는 도굴됐다고 밝혔다.

'공민왕 현릉을 박물관에서 수리 중이기도 해서 무언가 진귀한 볼 것이 있을지 모른다고 들었기에 나 역시 가볼 생각이 들었다.…… 수선 중인 왕릉의 내부를 보았다. 봉토의 옆에 뚫린 구멍에서 현실로 미끄러지듯 들어갔다. 채색된 화려한 벽화가 있었다는 네 벽 역시 침식되어 벗겨져 떨어지고, 관과 곽의 재료는 거의 흙으로 변해 겨우 붉게 녹슨 못을 주웠을 뿐이다.'*

* 황수영 편, 『일제기 문화재 피해자료』, 국외소재문화재재단, 2014

고려 공민왕의 현릉이라면 그 부장품이 얼마나 풍부하고 화려했겠는가. 그러나 철저히 도굴되어 안에 남은 것이라곤 녹슨 못뿐이었다는 말이다. 이미 대한제국 시기에 도굴당한 상태로 부장품은 수레로 실려 나간 상태였다. 일제는 여러 차례에 걸쳐 개성에 있는 공민왕릉 도굴을 시도했지만 지역 주민의 반발이 거세 물러섰다. 그러던 중 1905년 비가 쏟아지는 한밤중에 군대를 동원해 폭약으로 왕릉 뒤의 호석을 폭파하고 무덤의 현실로 침입했다. 현실의 부장품을 모두 강탈했는데 10여 대의 수레에 가득 싣고 달아났다. 이때 강탈된 유물 중에 일부가 일본으로 반출되는 과정에 여수항에서 국내 소장가에 극적으로 매입되어 전해오는 유물이 '전 공민왕릉 출토 황금유물'이다.

직지심체요절

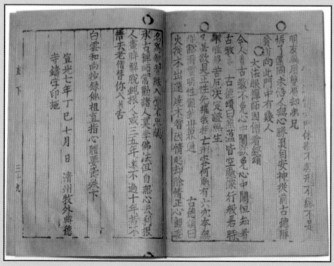

불조 직지심체요절 - 하권

홀로 프랑스 유학길에 오른 여학생

1955년 8월 서울대 사범대에서 역사를 전공한 여학생은 프랑스 유학을 앞두고 몹시 설레면서도 한구석에선 두려운 마음도 있었다. 한국전쟁이 끝나고 얼마 되지 않은 시기로, 모두가 굶주림을 걱정하던 시기였다. 여학생은 뛰어난 성적과 당찬 용기로 어렵게 프랑스 유학 길에 올랐다. 여자가 혼자 유럽 유학을 떠난다는 것은 극히 드물었다.

당찬 이 여학생의 이름은 박병선朴炳善.

박병선은 프랑스에서 교육행정학을 공부하고 돌아오면 한국에서 유치원과 학교를 운영하고 싶었다. 어린 시절부터 꼭 가보고 싶었던 예술의 도시 프랑스 파리로 유학을 결심했다.

프랑스로 유학 간다는 말을 들은 서울대 사학과 이병도 교수는 제자 박병선에게 이렇게 말했다. 박병선은 이 교수의 사학과 강의를 몇 차례 들은 적이 있었다.

"병인양요 때 프랑스군이 훔쳐 간 우리 문화재가 무엇인지, 어디에 있는지 아직도 모르네. 자네가 사학을 공부했으니 프랑스에 가면 그걸 꼭 찾아보게."

프랑스를 찾아가는 길은 멀었다. 박병선은 김포 비행장에서 군용기를 타고 일본 도쿄로 날아갔다. 도쿄에서 에어프랑스로 갈아탄 뒤 사이공^(지금의 호찌민시), 베이루트를 거쳐 오일 만에 파리 오를리 공항에 도착했다. 박병선의 멀고도 긴 여정의 시작이었다.

파리에 정착한 박병선은 이를 악물고 공부했다. 학사부터 시작해 석사를 따낸 뒤 박사 과정을 밟을 때였다. 1967년이었다. 프랑스 국립도서관은 아시아에서 온 여학생이 도서관을 자주 드나들며 열심히 공부하는 것을 눈여겨보았다. 국립도서관은 여학생의 이름이 박병선이란 것을 알고 도서관에서 일해보지 않겠느냐고 제안했다. 박병선은 주당 15시간 일하는 임시직이었지만 논문을 써야 할 때라 자료를 마음대로 볼 수 있다는 생각에 기뻤다. 순간 사학과 교수님이 당부하던 말도 생각났다.

1967년 프랑스 국립도서관에서 일을 시작하던 박병선은 도서관 소장품 중 한 권의 책을 발견하고는 깜짝 놀랐다. 박병선이 발견한 책은『백운화상초록불조직지심체요절^{白雲和尙抄錄佛祖直指心體要節}』하권이었다.

우리가 흔히『직지심체요절』또는『직지』라 부르는 이 책은 고려 말 고승인 백운화상 경한이 부처와 여러 고승들의 법어, 대화, 편지 중에 중요한 내용을 뽑아 상·하 두 권으로 만든 책이었다. '직지심체'는 '직지인심^{直指人心} 견성성불^{見性成佛}'에서 따온 것으로, 참선을 통해 사람의 마음을 바르게 보면 마음의 본성이 곧 부처의 마음임을 깨닫게 된다는 뜻이다.

놀라운 건 책의 마지막 부분에 '고려 우왕 7년^(1377년) 7월 청주 흥덕사에서 금속활자로 찍어 널리 배포했다'는 문구를 발견하면서였다.

이전까지는 1450년 독일의 구텐베르크가 금속활자를 처음 만들어 사용했다고 알려졌다. 그런데『직지』를 보면 우리나라는 그보다 73년이나

･･･
박병선 박사

･･･
구텐베르크

앞서 금속활자를 사용한 것이다. 세계적인 프랑스 국립도서관에서 귀중
본을 보아온 박병선으로선 가슴이 두근거리는 획기적인 사실을 알아낸
것이다.

구텐베르크가 금속활자를 만들면서 서양 세계는 문명사적으로 개벽
을 맞은 것처럼 엄청난 변화를 겪었다.

종교개혁으로 유명한 마르틴 루터는 금속활자 인쇄가 복음을 전파하
는 일을 도와줬다며 신께서 사람에게 주신 '최고의 마지막 선물'이라고
평가할 정도였다. 루터 이전에 나온 독일어 성서는 라틴어 원본에 충실한
단어 대 단어를 번역하는 것이었다. 때문에 성서는 라틴어를 읽을 수 있
는 사람만이 이해할 수 있었다. 루터가 이를 평이하면서도 격조 있는 독
일어로 번역했고 이를 인쇄하면서 신자들은 새로운 세상을 만났다. 루터
의 면죄부에 대한 95개조 반박문도 금속활자 인쇄 덕분에 삽시간에 독일
전역과 유럽으로 퍼져 종교개혁을 일으켰다.

짧은 시간에 글을 정확하면서도 대량으로 찍어내는 금속활자 인쇄는 유럽을 바꿔놓았다. 삶의 근간이던 종교개혁이 불같이 일어나고, 하층민들은 문턱이 낮아진 인문 교육을 통해 신분 상승을 꿈꾸기 시작했다.

『직지』가 구텐베르크가 만든 금속활자 책보다 70년이나 앞섰다면 서양의 문명사적 역사를 다시 써야 할 만큼 대단한 일이었다.

이처럼 귀중한 『직지』가 어떻게 해서 프랑스 국립도서관에 은밀히 소장되어 있다 박병선 박사를 만나게 된 것일까.

구한말 『직지』를 구해간 프랑스 공사

여기에는 구한말 프랑스 공사 자격으로 조선에 온 빅토르 콜랭 드 플랑시가 있었다. 동양학을 공부한 플랑시는 프랑스 공사로서 수완을 발휘해 고종의 신임을 받았다. 1900년에 열린 파리만국박람회에 조선 정부 대표단이 참여하는 데 도움을 주기도 했다.

이에 앞서 플랑시는 1890년 고종이 세자의 생일을 축하하기 위해 베푼 궁중연회에 초대를 받아 참석했다. 플랑시는 이때 '포구락'을 추는 궁중 무희를 보고 첫눈에 반했다. 당시 궁중 장악원掌樂院 소속이던 무희의 이름은 이심. 플랑시는 연회가 끝날 무렵 친하게 지내던 시종무관을 통해 이심을 데려가고 싶으니 왕에게 청을 올려달라고 했고, 고종은 이를 허락했다. 38세였던 플랑시는 이심을 데리고 프랑스까지 갔지만 두 사람의 인연은 비극적으로 끝이 났다.

주한 프랑스 공사로 있으면서 플랑시는 조선의 고서와 고미술품을 잔뜩 사들였다. 이를 전담할 담당자까지 됐고 자신도 시간이 날 때마다 골동가게들을 돌아다니며 가치가 있는 건 눈에 띄는 대로 사들였다. 어느

마르틴 루터　　　　　콜랭 드 플랑시

날 한 조선인이 고서 한 권을 들고 공사관을 찾아왔다. 한문을 읽을 줄 알았던 플랑시는 책장을 넘기며 내용을 살피다 맨 뒤쪽의 간기刊記(출간 기록)를 보자 가슴이 크게 뛰었다. 자신이 보고 있는 오래된 책이 1377년 간행됐고 게다가 금속활자로 찍었다는 게 아닌가. 독일의 구텐베르크가 최초로 금속활자로 인쇄한 『42행 성서』보다 73년이나 앞선 진본이었다.

　『직지』의 가치를 한눈에 알아본 플랑시는 책을 산 뒤 프랑스어로 책 표지에 세계에서 가장 오래 된 금속활자본이란 코멘트를 적어두었다. 주한 프랑스 공사관에 합류한 모리스 쿠랑에게도 『직지』에 대해 알려줘 쿠랑이 나중에 저술한 『한국서지학書誌學』에 이를 기록하게 했다. 모리스 쿠랑이 쓴 『한국서지학』은 서구 연구자들에게 한국에 대한 귀한 자료로 쓰이고 있다.

　플랑시는 『직지』를 가지고 프랑스로 귀국했고 이를 개인적으로 계속 소장했다. 1911년 3월 파리 드루어 경매장에 플랑시가 한국, 중국, 일본 등에서 수집한 소장품 883점이 한꺼번에 경매에 나왔다. 플랑시 컬렉션에서 가장 주목받은 것은 700여 점에 달하는 조선 유물이었다. 『직지』를

고려청자과형병

고려청자상감모란문항아리

포함해『경국대전』,『대전속록』,『삼강행실도』,『오륜행실도』,『소학집성』 등과 각종 지리서, 고지도 등 조선 시대와 고려 시대의 귀한 유물이 대 거 포함돼 있었다. 모리스 쿠랑은 플랑시의 컬렉션을 소개하는 소책자에 『직지』를 소개하면서 "구텐베르크가 유럽에 그의 경이로운 발명을 주기 훨씬 전에 한국은 이미 금속활자 인쇄술을 알고 있었다"고 밝혔다.

고려 세계 최고의 주조기술 가져

한국은 오래 전부터 불과 흙을 능수능란하게 다루는 놀라운 기술을 가 진 나라였다. 고려 시대를 대표하는 청자를 보자. 청자는 고온에서 자기 를 구울 수 있는 당시로는 초특급 기술이 있어야 만들었다. 도자기를 만 들 수 있는 나라는 세계서 고려와 중국 두 나라뿐이었다. 고려와 중국만 이 1250도 이상의 높은 열을 견디는 가마를 만들 수 있는 기술을 가졌다.

이를 바탕으로 고려는 세계 최초로 금속을 녹여 활자를 만드는 최첨단 기술의 나라였다.

고려 시기의 뛰어난 금속 주조는 벌써 996년 고려 성종 때 화폐로 쓰기 위해 만든 철전鐵錢에서 볼 수 있다. 당시 철전은 널리 쓰이지 못해 중단되었지만 이후 화폐인 동전銅錢을 만드는 주전도감이 세워진다. 1102년에는 해동통보가 주조되었는데 동을 부어 만든 해동통보는 모양이 반듯하고 글자가 뚜렷하며 매우 고른 상태를 보였다.

고려 시대에 금속활자를 어떻게 만들었는지 정확한 방법은 알려지지 않았다. 현재는 조선 시대에 성현이 남긴 『용재총화』를 통해 방법을 추정하고 있다. 『용재총화』에 따르면 금속활자를 만들기 위해 우선 회양목에 글씨를 새겨 나무 도장을 만든다. 이것을 고운 모래를 다져놓은 판 위에 눌러 찍어 거푸집을 만든다. 거푸집에 동을 녹여 부어 동활자를 만들었다는 설명이다. 나뭇가지처럼 기둥 줄기에 동을 녹여 부으면 액체가 된 동이 흘러 들어간다. 가지 끝 거푸집까지 동이 흘러 들어가 굳어져 글자를 만드는 것이다. 동이 흘러 들어가 굳은 글자를 줄기에서 하나하나 떼어낸다. 옆에 거칠게 붙은 금속은 갈아서 매끈하게 만든다. 밀랍을 녹여 거푸집을 만들었을 수도 있다.

금속활자를 실제 사용하려면 종이 생산 기술과 인쇄용 먹을 만드는 기술도 뒷받침이 돼야 한다. 고려 우왕 당시 『직지』를 인쇄할 때는 최상급의 닥종이를 사용했다. 닥나무 껍질에서 뽑은 원료를 갈지 않고 두드려 만드는데 두꺼우면서 질기고 광택을 냈다. 우리는 오래전부터 최상급의 종이를 만들어내는 나라로 유명했다. 이미 신라의 백추지白硾紙(두드려 만든 하얀 종이)나 경면지鏡面紙(거울처럼 빛나는 종이)는 중국에서 귀하게 여겨 서로 구

하려고 안달이었다. 11세기 후반 중국에 종이를 본격적으로 수출했고, 고려 종이는 황제의 글을 기록하는 데 쓰일 정도로 최상품이었다. 원나라는 한 번에 10만 장의 고려 종이를 수입해갈 정도였다. 명나라의 서화가이자 정치가였던 동기창과 청나라 황제 강희제도 한지韓紙를 유난히 좋아했다.

금속활자 인쇄를 위해서는 인쇄용 먹 또한 매우 중요하다. 목판이나 나무활자 인쇄에 쓰는 먹을 그대로 금속활자에 사용하면 제대로 찍히지 않는다. 금속활자 인쇄를 위해서는 기름 성분이 들어가야 하는데 여기서도 고도의 기술이 필요하다. 중국도 14세기까지 금속활자 인쇄를 위한 먹이 제대로 개발되지 않아 주로 나무활자로 인쇄를 했다.

조선에서는 관청에서 필요한 닥종이와 중국에 보내는 공문서에 사용하는 종이 등을 전문적으로 만들고 관리하는 관청이 따로 있었다. 조선 초기에는 종이를 잘 만드는 국가 공인 지장紙匠이 81명이었고, 보조역인 차비노差備奴가 90명에 이르렀다.

조선은 초기에 구리로 만든 금속활자본 계미자를 만들어냈다. 금속활자를 만들고 인쇄하는 업무는 매우 중요해 승지 2명이 주관하게 만들었다. 유능한 관리를 우선적으로 이 곳에 배치했고 담당자가 자꾸 바뀌면 인쇄 과정에 실수가 생길 수 있다 하여 임기가 끝나야 교체할 정도였다.

일본은 세종대왕 때 불경을 하사해달라고 떼를 쓸 정도로 인쇄 기술이 조악했다. 임진왜란 때 수많은 기술자와 사람들이 끌려가고 문화재가 약탈당했지만 특히 왜장들은 금속활자를 노렸다. 임진왜란을 일으킨 도요토미 히데요시는 조선의 인쇄술과 도자기 제작을 시기해 이를 훔쳐오도록 부추겼다.

임진왜란 때 일본으로 잡혀간 활자장活字匠 수는 1만 명에 이르고 약탈해간 활자도 수십만 점에 이른다. 활자장과 활자를 계획적으로 납치, 약탈한 자는 왜장으로 악명을 떨친 가토 기요마사였다. '조선 호랑이의 씨를 말렸다'는 말을 듣는 가토 기요마사는 조선에서 금속활자를 약탈해 일본 왕에게 바쳤다. 도요토미 히데요시는 조선에서 납치한 활자장과 조선에서 약탈해온 활자를 이용해 불교 경전『대장일람집大藏一覽集』등을 찍게 해 인쇄술의 발전을 꾀했다.

1911년 프랑스 국립도서관은 플랑시가 내놓은 대단한 한국 컬렉션에 관심을 보였다. 그러나『직지』표지에 쓴 플랑시의 코멘트를 보고는 오히려 의구심을 가져『직지』만 사지 않았다. 세계에서 가장 오래된 금속활자본이라는 플랑시의 코멘트를 믿지 않았던 것이다.

프랑스 국립도서관이『직지』를 외면하고 다른 고서들을 사들이자 경매에 참가한 앙리 베베르가 단돈 180프랑(약 70만 원)에『직지』를 손에 넣었다. 프랑스 국립도서관이 플랑시의 다른 소장품을 잔뜩 사들이면서도『직지』만 빼놓았기 때문에 앙리 베베르가 행운을 쥔 것이다. 앙리 베베르가 사망하자 그의 손자가 프랑스 국립리슐리외도서관에『직지』를 기증했다. 이후『직지』는 도서번호 109번, 기증번호 9832번을 달고 프랑스 국립도서관 동양문헌실에 깊숙이 보관되고 있었다.

50년동안 머나먼 프랑스의 도서관에 깊숙이 수장돼 있던『직지』와 박병선 박사가 만난 것은 운명이었다. 『직지』를 발견한 박병선 박사의 가슴 벅찬 희열은 짐작할 수 있다.

박병선 박사는 흥분했지만 아시아의 작은 나라에서 온 사람이 『직지』의 의미를 주장해도 먹힐 리가 없다고 생각했다. 박병선 박사는 우선 직접 글자를 만들어 인쇄하는 과정을 시험해보면서 『직지』가 금속활자로 찍어낸 책임을 증명하는 연구에 매진했다.

드디어 1972년 프랑스 파리에서 열린 '세계 도서의 해' 기념 도서 전시회에서 박병선 박사는 그동안 연구한 내용을 발표했다. 『직지』가 세계 최초로 금속활자 인쇄본임을 입증한 것이다. 세계는 박병선 박사의 획기적인 연구에 깜짝 놀랐고 『직지』의 세계적인 가치를 인정했다.

박병선 박사의 노력은 세계 인쇄의 역사를 다시 쓰게 만들었다.

경복궁의 수난

『직지』를 우여곡절 끝에 프랑스로 가져간 플랑시는 경복궁에서 고종을 알현했고, '갈림덕'이란 한국 이름까지 하사받았다. 조선에서는 왕에게 이름을 받는다는 것은 대단한 영광이었다. 그때까지만 해도 경복궁은 고종이 정사를 보고 외국 사신들을 접견하는 조선의 정궁이었다.

경복궁은 얼마 지나지 않아 일본 침략자들에 의해 모멸당한 뒤 해체 위기에 빠진다.

조선총독 데라우치 마사타케는 조선 왕실의 권위를 무너뜨리기 위해 경복궁 내에 총독부 청사를 짓기로 하고 1915년 가을에는 '시정오년 기념 조선물산공진회'를 개최하기로 한 것이다.

조선 백성들이 우러러 받들던 국왕의 왕궁을 온갖 사람들이 들어와 웃

고 떠드는 유락장으로 만들겠다는 계획이었다. 일제는 조선물산공진회 전시장을 만든다는 이유로 경복궁 안의 수많은 전각을 뜯어냈다. 19만 평 중 7만 평이 전시장으로 정해졌다. 1914년 근정전 앞에 있던 흥례문을 비롯해 세자가 거처하던 동궁의 자선당과 그 밖에 많은 건물과 문, 담장 등이 헐리고 제거됐다. 이렇게 2년여 동안 헐려 나간 경복궁 전각이 4000여 칸 200여 동이나 되었다. 흥선대원군이 경복궁을 재건하면서 세웠던

7,225칸 330여 동의 절반 이상이 무참히 헐려 나갔다. 당시 일제의 만행이 심해지면서 이를 견디지 못한 고종은 덕수궁에, 순종은 창덕궁에 거처를 정하고 있었다.

일제는 경복궁 내에서 뜯어낸 전각 4000여 칸을 경매에 부쳤다. 80여 명의 조선인과 일본인이 경매에 참여했는데 응찰자 중 10여 명에게 전각들이 팔려나갔다. 일본인 기타이에게 경매에 나온 전각의 3분의 1이 매각됐는데, 기타이는 동양척식회사 총재 우사카와 가즈마사^(육군대장)의 하수인이었다. 전각들은 차례로 부잣집이나 요릿집, 기생집, 사찰 등에 팔려나갔다.

동궁^{東宮}의 자선당^{資善堂}은 기가 막힌 운명을 맞았다. 동궁은 왕이 정사를 돌보는 근정전의 동쪽에 있어 동궁이라 했다. 장차 조선의 왕위를 이을 세자의 거처이기 때문에 매우 중시했다. 자선당은 동궁의 내전이며 침전으로 세자가 거처하는 중요한 공간이었다. 경복궁의 자선당은 세종 때 지어진 것으로 대원군이 경복궁을 중건할 때도 건재할 정도로 역사가 깊었다. 세종의 세자였던 문종이 즉위 전까지 20년간 지낸 곳이기도 하다. 일제의 강압으로 자선당은 헐렸고 데라우치와 친분이 있어 총독부 청사 지반 공사까지 맡은 오쿠라 기하치로^(大倉喜八郎)가 욕심을 냈다. 오쿠라 기하치로는 조선총독부가 공진회를 열기로 했을 때 경복궁 내의 여러 전각을 해체했던 건축 책임자였다.

오쿠라는 처음에 건어물 가게로 사업을 시작했는데 총포 수입상을 하면서 일본 군부와 결탁해 막대한 부를 쌓았다. 이후 무역과 토목, 건축, 광업에까지 손을 뻗어 오쿠라 재벌의 창업주가 됐다. 일제의 강압으로 강화도조약이 체결되고 부산항이 개항하자 조선으로 건너와 부산에 제일

...
조선 왕조의 세자가 거처하던 자선당

국립은행의 조선 지점을 열었다. 무역과 군수업에 집중하면서 손꼽히는 거부로 올라섰다. 1900년 이후에는 건설에 진출해 승승장구했고 덕수궁 석조전 공사를 맡았다. 압록강제재무한공사를 세워 압록강 주변의 삼림을 대규모로 벌채해 일본으로 실어나르기도 했다.

오쿠라는 1910년 한일강제병합 이후에는 데라우치의 앞잡이가 되어 경복궁, 창덕궁, 덕수궁 등 조선 왕조의 궁궐에 마음대로 손을 댔다. 결국 오쿠라는 데라우치에게 부탁해 자선당을 떼어다 도쿄 자신의 집에 옮겨다 놓았다.

데라우치는 도쿄 오쿠라의 집에 세워진 자선당 낙성식 때 직접 참석하기까지 했다. 이후 자선당은 오쿠라의 사설 박물관인 '오쿠라슈코칸大倉集古館)'의 일부로 '조선관'이란 현판을 달았다. 1917년 '조선관'에 전시된 조선 미술품이 3,692점 서적이 1만5600여 권이었다. 오쿠라가 조선에서 얼마나 많은 문화재를 약탈해갔는지 알 수 있다. 조선 세자의 내전인 자선당까지 몽땅 뜯어간 오쿠라의 욕심은 끝이 없었다. 평양 정거장 앞에 있던 칠층석탑까지 가져가겠다고 하자, 조선총독부가 칠층석탑 대신 다른 오층석탑을 가져가라고 허락했다.

도쿄 오쿠라의 집으로 옮겨진 자선당은 1924년 관동대지진 때 불타버리고 말았다. 현재 도쿄에 있는 오쿠라 호텔은 오쿠라의 집이 있던 자리로, 후손들이 1962년 도쿄올림픽^(1964년)을 앞두고 그 집터에 세운 것이다. 오쿠라 호텔은 일본 최고급 호텔로 모더니즘 건축의 상징처럼 불리며 레이건 미국 대통령과 영국 찰스 왕세자와 다이애나 전 왕세자비 등 유명 인사들이 묵는 명소였다.

자선당은 검게 그을린채 그 유구가 오쿠라 호텔 경내에 남아 있었는데 이를 김정동 목원대 교수가 확인한 뒤 반환 운동을 펼쳤다. 김 교수의 끈질긴 노력 끝에 1996년 자선당 유구가 힘겹게 고국의 품으로 돌아왔다. 현재 자선당 유구는 명성왕후 시해 사건이 일어났던 경복궁 내 건청궁 옆에 자리하고 있다.

우리 문화재로 도쿄국립박물관 채운 오구라

오쿠라 기하치로와 이름이 비슷한 일본인으로 또 다른 방식으로 우리 문화재를 가져간 자가 있었다. 오구라 다케노스케^(小倉武之助)다.

도쿄국립박물관에 있는 '오구라컬렉션' 중 금동투조관모와 새날개모양 관식, 금동 신발 등은 가야 고분인 창녕 출토품으로 전해진다.

오구라는 대구에서 남선전기를 하면서 사업을 일으켰는데 대구뿐 아니라 서울 장충동에 호화저택을 가지고 있었다. 그가 서울에 올 때면 일본인 골동상인들이 장충동 집에 수없이 들락거릴 정도로 큰 손이었다. 장

가야금관(도쿄국립박물관)

금동투조관모

충동에는 오구라를 포함해 조선에서 골동품으로 치부한 대수장가들의 모임이 있었다. 대구에서 병원장을 하던 이치다 지로, 평양의 나카무라 신자부로와 시바다 레이조, 군산의 미야자키, 경성의 아마이케, 부산의 가시이 겐타로, 원산의 미요시, 경성의 마에다 사이이치로 등이다. 이들은 호리꾼을 사주한 골동상을 통해 헐값에 조선의 유물을 닥치는대로 사들여 도굴과 난굴을 더욱 부추겼다.

창녕고분군은 교동·송현동 고분군, 계성 고분군 등 5-6세기 가야고분군으로 알려졌는데 1910년 세키노 다다시의 조사로 알려지게 됐다. 1917년부터 3년간 본격적으로 고분에 대한 발굴이 시작됐는데 교동·송현동 고분군 중 제21호, 31호분을 제외하고는 보고서가 간행되지 않았다.

당시 고분군에서 출토된 유물이 '마차 20대, 기차 2량'에 이르는 대규모였다고 하는데 국립중앙박물관과 일본 도쿄국립박물관에 소장된 극히 일부를 제외하고 나머지는 행방을 알 수 없다. 발굴 당시에는 있었던 중요 유물이 행방을 알 수 없다가 오구라 다케노스케 소장으로 밝혀졌다는 보고가 있다.

오구라 다케노스케는 아예 일본 도쿄제실박물관의 전문위원을 개인적 고문으로 고용해 유물을 살 때마다 자문했다. 조선의 유물 한 점을 살 때 1주일 이상 걸린다는 소릴 들었다. 그렇게 해서 빼어난 유물을 많이 모아 일본으로 가져갔다. 그는 일본이 패망하자 손을 써서 조선에서 모은 문화재를 간교하게 빼돌렸다.

광복 후 1960년대 대구 육군 503방첩대 건물의 대장실 마루 밑에서 누전방지공사를 하던 전기공 백모 씨가 유물 무더기를 발견하는 일이 있었다. 일본이 패망하자 도주하던 일본인이 숨겨두고 간 고려청자와 조선자기, 금속유물 등 142점을 발견했다. 백 씨가 발견한 유물은 일제강점기 그 건물에 살았던 오구라가 유물을 미리 빼돌리고 미처 가져가지 못한 것을 마루 밑에 감춰둔 것이었다. 유물이 나타나자 96세로 일본에서 살고 있던 오구라는 "내가 살던 집에서 찾아낸 물건 중 일본 그림을 포함해 59점을 돌려달라"고 뻔뻔스럽게 나섰다. 이때 발견된 문화재는 모두 경주박물관으로 옮겨졌고, 이를 신고한 백 씨는 당시 14만 4000원의 정부 보상금을 받았다.

오구라 다케노스케의 아들은 1981년 도쿄국립박물관에 '오구라컬렉션'을 기증했다. 가야 금관 등 일제강점기 당시 오구라가 악착같이 모은 한국의 귀중한 문화재 1030점이 포함돼 있다.

일본의 가야 고분 도굴 극심

일본 도굴꾼들의 도굴과 난굴은 이루 말할 수 없을 정도로 무도했는데

•••
창녕지역 가야 고분 도굴(일제강점기)

가야 고분이 많았던 지역은 참상이 극심했다.

일본인 학자 이마니시 류는 1920년 3월 『고적조사보고』에서 난굴의 참상을 이렇게 밝혔다.

'(경상북도) 선산군에는 약 1000기, 혹은 그보다 더 많은 수의 고분이 있는데 2, 3년 전부터 고분 유물을 장난감처럼 희롱하는 나쁜 풍습이 생겨나고 수단과 방법을 가리지 않고 이득을 얻고자 하는 무리가 있어 모두 무뢰한에 의해 도굴되었다. 군집한 고분이 도굴되어 파괴되고 황폐화 된 참상은 차마 눈으로 볼 수 없고, 실로 잔인하고 모질기 그지없어 심히 공포스럽다. 현대인의 죄악과 땅에 떨어진 도의를 보고자 한다면 이곳 고분군을 보아야 할 것이다. 1기를 제외한 나머지는 모조리 도굴되어 그중에는 흙이 아직까지도 마르지 않은 것이 있다.'

조선총독부박물관장을 지낸 후지타 료사쿠는 "고분을 파괴하여 그 유물을 대낮에 내다 파는 현상은 세계가 아무리 넓다 하더라도 조선이 유일한 예이다"고까지 말했다. 사람들의 눈을 피해 밤에 몰래 하던 도굴을 뻔뻔스럽게 대낮에 하더니 그 유물을 버젓이 내다 팔고 있음을 개탄한 것이다.

이와 대조적으로 이마니시 류는 옥성玉城면 고분의 보존 상태를 빌어 조선 민중의 고분에 대한 예를 들려준다.

'이 고분군 중에는 묘광墓壙이 그대로 노출된 것이 있다. 고분의 분토가 유실되어 광이 노출되었지만 조선 민중들은 손대지 않고 침범하지 않았다. 순박하고 죽은 자에 대한 예를 갖췄던 시대와 도굴로 고인의 분묘를 파괴하고 능욕하는 현대를 비교하면 오싹할 뿐이다. 옛 조선의 도덕을 보려거든 옥성면의 이 고분들을 보아야 할 것이다.'

송산리6호분 연도 폐쇄 형태와 현실 벽화 백호도(1933년 사진)

이전까지 조선에서는 묘를 파헤친다는 것은 상상도 하지 못했다. 오죽 했으면 이토 히로부미가 고종황제에게 고려청자를 보여줬을 때, 고종황 제가 "이 아름다운 자기는 어느 나라 것인가"라고 물을 정도였다. 이토 히로부미가 조선의 것이라 답하자 고종황제는 "이런 것은 전에 본 적이 없다"며 잘라 말했다. 고려청자는 부장품이었기 때문에 고종황제도 청자 를 본 적이 없었던 것이다.

일본인이 주도하거나 사주한 고분에 대한 도굴은 전 강토에서 이뤄졌다.

1935년 3월 조선총독부의 공주 송산리 고분 조사보고서에는 다음과 같이 참상을 밝혔다.

'쇼와 2년(1927년) 3월경 동네 주민의 도굴에 의해 제1호분에서 곡옥, 유 리옥, 대도大刀, 도끼 등의 파편이 출토되었다고 한다. 이것들을 공주 읍내 의 모 일본인이 소지하고 있다는 것이다. 제2호분에서 금제 귀걸이 한 쌍 이 발견되었는데 이것은 지금 일본에 있는 모 씨의 소장이라고 한다.'

송산리 고분군은 웅진 백제시대의 대표적인 왕릉으로, 조선총독부박물관 직원이 조사한 것은 도굴 흔적이 있는 송산리 고분군 중 1호분과 5호분이었다. 송산리 고분군은 공주고등보통학교 교사였던 가루베 지온이 집중적으로 파헤쳤다. 가루베 지온은 수백 기를 파헤쳤는데 가장 유명한 것이 1933년 확인된 송산리 6호분으로, 백제왕릉으로 추정되는 벽화 전축분이었다. 무덤 내부의 사면 벽 바탕에 흙을 바른 후 사신도와 태양, 달 등을 그린 전축분이었다. 송산리 6호분은 광복 후 발견된 백제 무령왕릉과 같은 전축분이었다.

가루베가 수없이 빼돌린 다른 유물들은 도쿄국립박물관과 도쿄대학 등에 일부 분산 소장되었으나, 송산리 6호분에서 나온 출토품은 현재까지도 행방을 알 수 없다.

가루베 지온이 이토록 지독하게 조선의 문화재를 빼돌린 것은 그의 아버지가 교토에서 골동상을 하고 있었기 때문이다. 교사였던 가루베는 조선인 학부모에게 중요한 무덤이 어디 있는지 말하라고 종용했고 아이들에게 옛 기와나 화살촉 같은 유물을 가져오라는 숙제를 낼 정도로 뻔뻔했다.

대낮에 인부를 동원해 송산리 고분을 파낼 정도로 두려워하는 게 없었다. 가루베 지온은 고분의 입구부터 파 들어가면 시간이 많이 걸리므로 아예 천장부터 뚫고 들어가 시간을 줄였다. 천장을 뚫은 뒤 개를 먼저 집어넣어 여러 면에서 위험을 방지했다고 한다. 송산리 고분 5개를 모조리 판 뒤 곡옥과 유리옥, 불상, 금귀걸이, 철검 등을 담아갔다.

천만다행으로 그 옆에 있던 백제 무령왕 고분은 가루베가 미처 발견하지 못해 온전히 남았다. 백제 무령왕릉은 광복 후인 1971년 우연히 발견

···
조선총독부

됐는데 일제강점기 때 가루베 등이 털었던 송산리 6호분 침수방지 공사를 하다 발견됐다. 도굴범의 손이 닿지 않은 백제 무령왕릉에서 수천 점의 부장품이 쏟아져 나왔고 이를 통해 가루베가 얼마나 많은 부장품을 가져갔는지 가늠할 수 있었다.

가루베는 공주고등보통학교에서 10년간 있으면서 공주와 부여의 고분을 모조리 도굴한 뒤 강경의 중학교로 직장을 옮겼다. 익산에 눈독을 들여 백제 무왕과 왕비의 능으로 추정되는 쌍릉에까지 손을 댔다. 가루베 지온은 귀국한 뒤 일본에서 『백제 유적의 연구』 등을 쓰면서 백제 전문가로 행세했다.

가루베 지온은 일본이 패망하자 몰래 숨기고 있던 백제 유물을 오구라 다케노스케의 도움을 빌려 일본으로 가져갔다. 이후 가루베는 한국 정부가 약탈 문화재를 반환하라 요구하자 "공주박물관에 모두 갖다 놓고 왔다"고 말했다.

경복궁이 조선물산공진회 전시장으로

1915년 9월 11일부터 10월 31일까지 예정대로 경복궁에서 조선물산공진회가 열렸다. 공진회 개막식은 9월 11일 오전 9시 조선의 역대 왕들이 정무를 보던 근정전에서 열렸다. 가장 엄숙하고 성대하게 치러지는 국왕 즉위식, 세자 책봉식, 외국 사신 접견과 문무관의 조례 등 국가의 가장 중요한 일과 의례가 치러지는 곳이 근정전이었다. 일제는 그러한 의미를 가진 근정전을 일부러 골라 개막식을 열었다. 데라우치 총독은 근정전 돌계단에 올라서 근정전 가운데 놓인 용상으로 향하더니 거리낌 없이 앉았다. 조선의 임금이 정사를 볼 때 앉는 자리가 용상이었다. 데라우치는 개

1915년 시정오년 조선물산공진회에 몰려든 인파

막식이 끝난 뒤 조선 왕비의 처소인 교태전으로 옮겨가 개막식에 참석한 손님들을 맞았다.

조선 왕실의 정궁인 경복궁에서 열린 공진회 전시관에는 각종 과일과 채소, 나무가 전시되고 공예품이 전시

일제강점기 때 황폐화된 경복궁 근정전

됐다. 심지어 일제강점기 동안 이뤄진 품종개량의 결과를 본다며 소와 돼지까지 왕궁 한가운데 들여놓았다. 500년 역사를 가진 조선의 왕궁을 철저히 짓밟는 일이었다. 강제 퇴위당한 고종은 몸이 불편하다며 참석하지 않았지만 순종은 이를 지켜봐야 했다.

일제는 자신들의 치적을 알리는 공진회를 대대적으로 선전했고 열도에 있는 일본인들까지 와서 보라며 열차를 증편했다. 경복궁은 조선 왕조의 왕궁이 아니라 거대한 오락장으로 변했다.

1916년 6월에는 경복궁 근정문 앞뜰에서 조선총독부 청사를 짓기 위한 지진제가 열렸다. 조선총독부 청사부지는 바로 경복궁 앞뜰이었다. 이미 근정문 앞에 있던 홍례문과 그 주위를 둘러싸고 있던 행각은 헐려 나간 상태였다. 홍례문에서 근정문 쪽으로 건너가던 영제교 난간도 사라졌고, 다리 밑을 흐르던 금천의 물줄기도 끊겼다.

일제는 경복궁 내에 거대한 조선총독부 청사를 지으면서 앞에 버티고 있는 광화문이 거슬렸다. 광화문이 조선총독부 앞을 가로막고 있는 형상이었기 때문이다. 조선총독부는 청사가 완공되는 시점에 광화문을 철거

···
경복궁 내에 조선총독부를 짓는 사진

···
오늘날 경복궁 근정전

하기로 내부적으로 비밀계획을 세웠다가 사실이 알려지자 물러섰다. 대신 완전히 철거하는 대신 이전하기로 한 것이다. 1926년 7월 22일 건춘문 옆으로 옮기기 위한 광화문 철거 작업이 시작됐고 광화문 양옆에 서서 지켜주던 해태 석상 두 점도 철거됐다.

광복 이후 조선총독부 건물은 중앙청으로 이름을 바꾸어 대한민국 정부 청사로 사용됐고 이후에는 국립중앙박물관으로 바뀌었다. 1995년 격렬한 논란 끝에 조선총독부 건물은 철거되었고 경복궁은 원래의 모습을 되찾아 가고 있다.

고(故) 박병선 박사

고(故) 박병선 박사는 『직지』의 세계사적 가치를 최초로 알린 학자이자 병인양요 때 프랑스군이 약탈해간 외규장각 의궤를 돌아오게 한 위인이다. 박병선 박사가 살아있었을 때 '도깨비뉴스 통신원 파리아줌마'라는 동아닷컴 파리 통신원이 인터뷰한 기사(2011년 4월 14일)가 평생 한국 문화재를 위해 헌신한 분을 잘 살려, 요약 발췌해 싣는다. 인터뷰는 박병선 박사가 병마를 딛고 다시 연구로 돌아왔을 때 진행됐다.

젊었을 때 박병선 박사

- 병을 이겨내시고 파리로 돌아오셨습니다.

파리의 이 풍경을 다시 볼 수 있을지 몰랐어요. 결코 저 혼자 병을 이겨낸 것이 아닙니다. 여러분들의 기도 덕분에 천주님도 가만히 있을 수 없으셔서 '그래, 이번 한번만 봐줄게' 하신 것 같아요. 의사도 수술을 하면서 처음에는 3시간내지 3시간 반 예정했던 것이 7시간이 걸리니까 나중에는 다리에 쥐가 나서 못 견딜 정도였대요. 이 할머니가 이것을 견뎌낼 수 있을까 수술대에서 죽으려니 각오를 했대요. 그런데 살아나니, '참 명도 기십니다' 하시더라고요 (미소).

- 직지 고증과 외규장각 도서 연구에 거의 30년이 넘는 세월을 매달리셨는데, 숨은 이야기가 참 많을 것 같아요.

이제는 숨겨놓지 않고 공개하고 싶어요. 지금은 외규장각 도서네, 직지네 결과만 가지고 이야기하지만, 당시 학자들의 냉대가 이만저만이 아니었어요. 어떤 교수님께는 조언을 구했더니 '밥 먹고 할 일이 없으면 잠이나 자라'고 하신 분도 있어요. 불란서 사람들의 냉대는 이해하지만, 한국 학자들의 냉대는 더 차갑고 매서웠어요.

- 직지 고증을 어떻게 시작하시게 되었나요.

1972년 때 일이에요. 당시 직지가 있다는 것을 모두가 알고 있었지만, 아무도 관심을 갖지 않았어요. 불란서 사람들은 "혹시 이것이 진짜 고활자본이라면, 역사적인 공헌이 크다" 라면서, 꼭 '~면 Si c'etait' 라는 표현을 썼죠. 당시 누구나 '~면' 자를 붙였어요. 나는 그러면 좋다, 이 '면' 자를 면하게 하면 되지 않느냐 했지요.

아무것도 모르는 백지상태에서 시작하려니, 어떻게 하면 '면' 자를 면하게 할 수 있을지 문제였어요. 한국의 활자사라는 것이 있는지 없는지도 모르겠고, 그것의 흐름을 알아야지 무엇을 어떻게 말을 건넬 수 있을 것 같았죠. 한국의 학자들과 교수님들께 열 통도 넘는 편지를 보냈을 거예요. 한국의 활자사나 활자에 관련된 책이 있다면 알려달라고 요청을 드렸죠.

이에 대한 답신을 받을 수 없었어요. 고맙게도 어떤 한 교수님께서는 답변을 주셨는데, '며칠을 두고 찾아봤지만 그런 책이 없다'는 대답이었어요. 그나마 고맙지요. 불행 중 다행으로, 일본과 중국의 인쇄사 관련 책을 찾을 수 있었어요. 제가 일어도 그렇고 중국 한자도 자유롭게 읽을 수 있어서, 그때부터 그것을 파고들기 시작했어요. 거의 매일 밤을 새다시피 했죠. 어떤 때는 눈이 시뻘개져서, 아침에 근무하러 도서관에 가면, "너 어제 울었니?" 라고 묻는 사람도 있었어요. 약국에서 안약을 사서 넣으면 며칠 있다 또 괜찮아지고, 그러한 일상이 반복됐죠.

- 직지 고증은 어떠한 방식으로 이루어졌나요?

진짜 고활자본인지 아닌지가 문제니까, 이것이 금속활자라는 것만 고증하면 된다는 생각에 활자를 직접 만들기 시작했어요. 처음에는 지우개로도 만들고, 감자로도 만들고, 흙으로도 만들고. 그때만 해도 불란서에 세라믹을 굽는 오븐을 찾아보기 힘들었어요. 그래서 부엌에서 쓰는 오븐에서 구우면, 세라믹 오븐에서 구운 것처럼 되지는 않을지언정 형태가 조금은 나왔어요. 글자 몇 개를 흙으로 만들어서 굽기를 반복했더니 나중에는 오븐이 '펑' 하고 터져서 부엌 유리창이 다 깨지고 얼마나 놀랐는지. 주인에게도 욕깨나 먹었죠.

인쇄소에 가면 예전에 금속으로 만들었던 활자들이 있다는 것을 나중에야 생각했어요. 인쇄소에 부탁한 금속활자를 가지고 직접 잉크에 찍어보면서, 직지에 찍힌 글자를 확대한 것과 내가 찍은 활자를 비교해봤더니 이것이 토활자인지, 사기로 만든 것인지, 아니면 금속이나 납 같은 것으로 만든 것인지를 판단할 수가 있더라고요. 이렇게 쉬운 것을 활자를 스스로 만드느라 죽으라고 고생을 하고 돈은 돈대로 쓰고 화덕을 세 개나 깨뜨렸으니.

– 직지가 금속활자라는 것을 확증하게 된 것이네요.
인쇄소에서 받은 금속활자를 찍어본 것과 책에 찍힌 활자의 형태가 동일한 것을 보고, 이것이 금속 활자라는 것을 확증한 것이죠. 하지만 간단한 문제는 아니었어요. 예전에는 조판이 쉽지 않으니까, 앞의 글자가 뒤의 글자와 물린 것도 있고, 삐뚤어진 것도 있어요. 삐뚤어진 것이나 물린 것을 하나하나 꼬집어서 확대해서 대조해보니, 그것이 모두 정확히 일치했어요. 금속활자가 아닌 붓으로 썼거나 나무로 팠다면 불가능한 일이죠. 그렇게 해서 그 대조표와 사진을 가지고 직지가 금속활자라는 것을 확증했죠.

– 그때 어떤 심정이 드셨는지.
사실 겁이 났어요. 내가 전문가도 아니고 이것을 그렇게 대담하게 말할 수 있을까 하는 생각이 들었어요. 마침 당시 파리에서 열리는 세계도서전시회를 준비하면서 대담하게 직지가 '1377년에 금속으로 만든 활자본'이라고 썼어요. 이제까지 '~면 Si c'était' 라는 가정이 붙었던 것에서, 'Si'를 과감히 뺐더니 도서관에서도 겁이 나니까, 나보고 어떻게 이렇게 대담한 짓을 하는지, 이것이 금속활자인지 어떻게 확신할 수 있느냐고 했어요.
도서관 측에서는 만약 이것이 사실이라면 도서관 명예로 돌리지만, 이것이 잘못되어 실수라면 그것은 내 개인의 책임으로 돌리겠다는 조건을 붙였어요. 나 개인이야 실언했다는 것으로 끝나기 때문에, 그렇게 하겠다고 해서 전시를 하게 된 거예요. 그렇게까지 조심성 있게 전시를 진행했어요. 전시가 시작되고, 이를 본 인쇄업자들이나 그쪽에 관계가 있는 분들로부터 구텐베르그가 세계 최초로 금속활자를 만들었는데, 그것보다 앞선 시간에 한국에서 금속활자로 책을 만들었다는 것이 말이 되는 소리냐고 항의가 왔어요.
그래서 나는 이것을 내가 만든 것도 아니고, 나는 이것이 어떻게 해서 금속활자라고 확신할 수 있는지 그 경우만 딱 설명해주었죠. 그랬더니 나중

에는 '그래, 네 말도 옳다', '알아들었다' 라는 반응과 함께 처음으로 인정을
받기 시작했어요.

– 직지 고증 3년 동안 정말 많은 노고가 있었을 것 같네요.
나는 그것을 위해 3년 동안 거의 잠도 못 자고 먹지도 못하며 지냈어요. 시
간이 없는 것을 어떻게 하겠어요. 먹으려면 장을 봐야 하는데 장을 보러 나
갈 시간이 없었어요. 그러니 매일 물만 끓여서 커피하고 빵하고 먹는 게 보
통이었어요. 머리가 딴 데 있어서 장을 보러 가도 하나만 사고는 다 샀다고
생각하고 돌아오기가 일쑤였죠. 너 같은 맹꽁이도 없다 생각했어요. 이렇
게 산 것이 하루 이틀이 아니었어요. 이렇게 살아도 살아는 나더라고요.

– 당시 한국에서의 반응은 어땠나요?
동양학자회의 때 발표를 하고 나니, 한국의 반응은 냉담했어요. 어떤 학자
는, 서지학도 안 한 사람이 왜 서지학에 손을 대느냐, 그리고 그런 고증을
한국 서지학자들도 못했는데 어떻게 네가 자신만만하게 그런 소릴 할 수
있느냐, 네가 했다고 하지만 그건 한국 학자들이 다시 보고 판단을 해야 하
니까 그것은 우리들이 한 것이라고, 그렇게 나오더라고요. 그 편지를 가지
고 있어야 되는데 당시 너무 화가 나서 찢어버렸어요, 너무 어처구니가 없
어서. 내가 당시 어떤 기분이 들었겠어요, 몇 년 동안을 고생해서 고증하고
발표를 해서 인정을 받은 다음의 이야기인데, 그런 소리를 하면서 항의가
들어오니.
나중에 직지 영인본을 내기 위해 한국에 갔을 때, 한국 서지학자들에게 내
가 고증한 사진을 보여주면서 내가 이렇게 고증을 했다는 것을 발표했더
니 그분들이 화를 내는 거예요. 그리고 영인본 서문에는 "국립도서관에서
근무하고 있는 박병선이 가지고 온 사진을 한국의 서지학자들이 고증해본
결과 이것은 금속활자라고 인정했다"라고 적었어요. 나는 완전히 심부름
꾼이 되고, 그분들이 다 했다고 된 것이죠. 내가 교수님께 가서 너무하셨다
고, 그리고 그 한마디만 고치시라고, '한국의 서지학자들이' 아니라 '한국의
서지학자들도 금속활자라고 인정했다'고 고쳐달라고요. 하지만 못하겠다
고 하시더라고요. 아직도 그 해설문이 그대로 남아있어요.

- 프랑스에서의 반응이 만만치 않았을 것 같은데요.

당시 출판된 영인본이 파리 도서관에 왔는데, 도서관 과장이 불어로 된 해설문을 보더니 이것을 읽어봤느냐고 묻더라고요. 그래서 알면서도 안 읽었다고 얘기하니까, 이게 말이 되느냐고, 네가 고생해서 우리 도서관에서 발표를 하고 인정받은 것인데 저희들이 했다는 것이 말이 되느냐고 화를 내더라고요. 불어 같은 경우는 시원찮게 번역이 되어 더 심하기도 했어요. 도서관 측에서는 이런 경우가 어디 있냐고, 고소를 하겠다고 나왔어요.

그때 드는 생각이 아무리 그래도 내 나라 교수들인데, 소위 그분들을 국제 재판에 내세우는 것은 너무하다고, 지금 너희들은 영광을 다 차리지 않았느냐, 세계 최고 활자본이 프랑스국립도서관에 있다는 것, 소유권도 너희에게 있다는 것만도 크지 않냐며 설득했어요. 나는 곧 있으면 갈 사람이지만, 그것만은 영원히 남는 것이니, 그것을 봐서라도 참으라고 했죠.

- 청주에 있는 고인쇄박물관은 어떤 계기로 설립된 것인가요?

이런 일이 있고 난 후에 전두환 대통령이 파리를 방문했는데, 자세한 내용은 모르지만, 엘리제궁에 돈을 빌리러 왔대요. 들어갈 적에는 땅만 쳐다보고 어떻게 이야기를 해서 성공하나 하고 머리를 푹 숙이고 들어갔다고 하더라고요. 그런데 들어갔더니 미테랑 대통령이 『직지』 영인본을 탁 내놓으면서 이렇게 훌륭한 문화를 가진 국가의 대통령을 존경한다고 인사를 먼저 했다고 하더라고요.

전 대통령도 당신도 잘 몰랐다가 용기를 내게 되었고, 회의도 잘 끝나고 결과도 좋았다고 해요. 엘리제궁에서 나오는데 들어갈 때와는 달리 어쩌면 하늘이 그렇게 푸르고 아름다운지 모르겠더라고 하는 회고담을 들었어요. 대통령이 한국에 돌아온 다음에 직지가 만들어진 청주에 고인쇄박물관 설립을 지시하게 된 거예요. 이런 이야기는 못 들어봤죠? (미소)

- 외규장각 도서 연구에 매달리신 기간만 해도 10년이 넘는 것으로 아는데요. 297권에 달하는 외규장각 도서를 정리하는 작업도 쉽지않았을 것 같습니다.

(제가 매달린)외규장각 도서에 대한 이야기는 30여 년에 걸친 이야기죠. 외규장각 도서가 있다는 것은 1977년에 알았어요. 1979년도 당시 프랑스국립도서관에 보관되어 있던 외규장각 도서 목록과 제목을 정리해서 기자

들에게 병인양요 때 약탈된 도서들이 이런 것이다 하고 알려줬어요. 당시 바짝 관심을 갖다 그만이었죠. 하지만 책의 제목만 알았을 뿐이지, 내용을 모르면 아무 소용이 없다는 생각이 들었어요.

내용을 알고 이를 요약해서 알려줘야겠다는 생각을 하게 되었어요. 이렇게 해서 10여 년에 걸친 조사가 시작된 거예요. 그때부터 10년간을 아침 10시부터 저녁 5시까지 꼼짝도 하지 않고 도서관에서 조사를 하는 거예요. 월요일부터 토요일까지. 문제는 책이 크기도 하고, 297권에 달하는 만큼 장 수도 많았지만, 무엇보다 의궤의 내용을 잘못 알아듣는 것이 한둘이 아니었어요. 소위 이조시대 이두(한글 발음을 한자를 빌려 적은 것)가 섞여 있어서 한문을 아무리 해석해도 무슨 뜻인지 모르겠더라고요.

예를 들어 예단 관련 내용에 저고리가 있다면, 저고리의 '저' 자를 한자를 골라서 쓰는 거죠. 빨간 '적(赤)' 자를 쓰고, '고' 자는 고대라는 '고(古)', '리'는, 몇 리 하는 '리(里)'를 적어 '적고리(赤古里)'라고 써 놓았으니, 이것이 옷 이름이라고 누가 상상을 하겠어요. 이런 것에 하나하나에 잡히다 보니, 10년 이라는 시간이 가는 것이죠.

- 경제적인 면도 고충이 많으셨을 것 같은데요.

이렇게 요약한 내용을 불어로 타이핑을 해야 하는데 당시에는 컴퓨터도 없고, 내가 백만장자도 아니고 돈이 없으니까, 이것을 타이핑하는 분께 맡길 때마다 우리 집 골동품을 한 개씩 갖다 파는 거예요. 당시 내가 알던 골동품 가게가 있는데, 할아버지 한 분이 저한테 그렇게 잘해줬어요. 골동품을 의탁을 해 놓고 팔리면 연락이 오는데, 원칙적으로 당신 몫을 챙기시고 나를 주시는데, 어떤 때는 '너를 보니 내가 주고 싶은 마음이 너무 크다. 얼마에 팔았으니 다 줄게 가지고 가' 하시고, '네 꼴을 보니 너무 안됐다. 집에 가서 차라도 한잔 마시고 가라' 고 그러셨죠.

그 분께서 돌아가셨는데 내가 얼마나 섭섭했는지 몰라요. 그 할아버지께서 나를 제일 많이 도와주셨죠. 또 옛날 팔레 후아얄(Palais Royal) 근처에 일본 판화 파는 집이 있었어요. 당시 이를 운영하던 분이 국립도서관에 판화가 많으니까 판화를 보러 오셨는데 말이 통하지 않으니 내게 통역을 부탁했어요. 이렇게 해서 알게 된 분인데, 판화의 경우 구멍이 있으면 값이 툭 떨어지니까 그것을 감쪽같이 고쳐야 해요. 그것을 내게 해달라고 부탁하셨어요.

주말에는 그곳에 가서 판화를 고쳐주는 거예요. 그 분도 돈을 벌기 위해 장사를 하기보다는 예술가 기질이 있어서, 오늘은 30유로 줘야 하는 것을 어떤 때는 50유로 주고, 어떤 때는 300유로를 주고 그런다고요. 당시 일을 하면서 점심, 저녁을 주인이랑 같이 먹어야 하니까 밥을 먹는데, 밥을 안 먹다가 먹으니 배탈이 나는 거예요. 이런 우여곡절 끝에 원고를 완성하게 되었죠.

- 출판은 어떻게 하시게 되었나요?

개인적으로 알던 대사관 영사님께 말씀드리니 다른 방법은 없고 민원을 내라고 하시더라고요. 그래서 민원을 냈더니 규장각에서 이태진 교수님이 이를 받아주셔서 그곳에서 불어판을 출판하게 됐어요.

당시 출판을 진행하면서 이태진 교수님이 총장께 말씀 드려 반환 운동을 시작하게 된 거예요. 그런데 그것도 참 반대가 많고. 처음 시작할 당시 밥 먹고 할일 없으면 잠이나 자라고 하신 분은, 내가 미워 죽겠다고, 하지 말랬는데 이렇게 쓸데 없는 일을 해서 남 골치 아프게 만든다는 소리도 들었어요.

그 때는 이메일도 없으니까 편지나 전화로 그런 소릴 들어야 했죠. 당시 그렇게 냉대했던 분들이 지금은 앞장서시는 걸 보면 사람이 저렇게 간사하구나 하는 생각도 들어요.

- 그런 냉대에도 불구하고 끝까지 참고 해내셨네요.

이병도 교수님께서 나에게 간곡히 부탁하시지 않았으면 난 중간에 그만뒀을 거예요. 생전에 저에게 그렇게 간곡히 부탁하셨던 그 말 한 마디가 저에게 큰 힘을 준 거예요.

저는 아침에서 저녁밖에는 몰랐으니까요. 그런데 그렇게 1년이 가고 2년이 가더니, 10년이라는 세월이 흐른 것이죠. 오죽하면 도서관 열람실에서 내 별명이 '파란 책 속에 묻혀 있는 여성' 이겠어요. 의궤 표지가 파랗거든요. 그리고 책이 크니까 나는 그 책을 펴 놓고 밑에 묻혀 있으니까. 그래서 어디 조금 나가 있으면, 이름도 뭐도 모르고 '파란 책에 묻혀 있는 여성 어디 있냐'고 그렇게 물었다고 해요. 그래도 해냈어요.

시간이 아까워 식사도 못하며 일하고 있는데 어느날 양기섭 문화원장이 잠시 나가자고 해서 근처 까페에서 오믈렛을 시켜주시더라고요. 그 분주 하신 분이 도서관까지 찾아오시는 것도 고마운데 식사까지 시켜주신 그 마음이 고맙고 잊을 수가 없어요. 많은 사람들이 방해하고 냉대하는데 문 화원장님께서 베풀어주신 따뜻한 정을 잊지 못하지요.

- 의궤가 145년 만에 제자리를 찾는 모습을 보시는 기분이 남다르실 텐데요.
우리나라 의궤의 소유권을 못 찾고 대여로 온다는 것이 너무 맘이 아파요. 그 책이 어디 있든 간에 우리나라 것이라는 소유권만은 찾고 싶다고요. 그 것이 우리 것이라면 어디에 있어도 괜찮아요. 그런데 이것은 불란서 것을 빌려오는 것 아녜요. 5년 후에 어떻게 될지 누가 알아요. 정권도 바뀌고, 돌려달라고 하면 돌려줄 수 밖에 없는 거예요.

- 현재는 어떤 작업을 하고 계신가요?
병인양요 1권은 이미 출판이 되었으니, 지금은 2권을 집필하고 있어요. 하 지만 애로가 많고, 그것도 쉽지가 않아요. 다행히 문화재청에서 국가적 차 원에서 최대 노력하겠다고 하니까 두고 보는 것이죠. 1권은 의궤에 대한 설명이 주가 되었다면, 지금 하는 작업은 병인양요 발발 전과 그 후 프랑스 정부에 보고된 공문 등을 찾아 번역하고 재확인하는 것이죠.
당시 참전했던 사람들이 와서 쓴 논문과 보도 내용을 몇 개 찾아냈는데, 아 직 다 찾지 못했어요. 1866년에서 1867년까지의 신문을 하나하나 보면서 기사가 있나 없나 찾아야 되기 때문에 매우 힘든 작업이에요. 그것을 다 못 해서 섭섭한 마음이 들고, 그것을 꼭 해야겠다는 생각이 들어요. 무엇보다 이런 것을 전문으로 찾아주는 사람이 있는데 돈이 많이 들죠. 연구비를 지 원받을 수 있다면, 우선 그것부터 전문가에게 부탁해 보다 더 충실하게 보 충하고 완벽한 책을 만들고 싶어요.

- 외규장각 도서를 찾고 나서 도서관 측과의 갈등으로 결국 도서관을 떠나게까 지 되셨다면서요.
그 당시 도서관하고 한국 정부, 대사관 사이에 있었던 미묘한 것을 다른 사 람들은 모르죠. 초기에 외규장각 도서를 찾았을 때 구체적인 내용은 모르지만 제목을 종류별로 모두 정리해서 기자들에게 보고를 해줬어요. 그랬더니 기자들이 거기에다가 제멋대로 '발견'이라는 말을 썼다고요.

당시 도서관에서 한국에서 나온 신문을 일일이 최악으로 번역을 해가지고, 물론 가짜로 꾸밀 순 없지만, 똑같은 말마디라도 어떻게 해석하느냐에 따라 다르잖아요, 그래서 도서관에서는 규장각 도서가 있는 것을 네가 '찾은 거지', 어떻게 그것이 네가 '발견한 것'이냐고 트집을 잡기 시작했다고요. 그래서 기자분들께 사실 찾은 거지 발견이 아니다, 발견 소리 좀 쓰지 말아달라고 하니까, 한국에서는 그 말 밖에 다른 말이 없다고, 그럴 수 밖에 없지 않냐고 말하는 거예요. '찾음'이라고 쓰면 맥이 없는 것 같고, '발견'이란 단어도 한국어에는 여러 가지 뜻이 있으니까 해석하기에 달렸는데 말이죠.

도서관에서는 저를 달달 볶았어요. 외규장각 도서에 관한 언급은 제일 먼저 모리스 쿠랑이 했어요. 당시 모리스 쿠랑도 책 제목과 왕립도서관(Bibliothèque Royale)에 있다고만 썼지, 책 내용에 대한 구체적인 설명은 못하고, 제목과 크기에 대한 정도만 이야기를 했어요. 도서관은 모리스 쿠랑이 이미 발표한 것을 네가 다시 발표한 것이지, 왜 네가 발견한 것이냐고 문제를 삼았어요.

– 직접적으로 도서관과 갈등을 일으킨 계기가 있나요.
도서들이 오래되다 보니 몇 권만 표지가 제대로 남아있었지, 대부분은 모두 상해서 수선을 하게 되었어요. 의궤 표지들이 두꺼운 종이에다가 비단으로 싸여져 있어요. 수선을 맡긴 사이에 누가 의궤에 있는 그림을 면도칼로 잘라갔어요.

당시 무엇보다 도서관 측에서 예민했던 부분은 한국 대사관 사람들이 알게 될까봐 신경썼던 가봐요.

그런데 내가 도서의 존재를 기자들에게 얘기했기 때문에 책임이 저한테 전가된 거예요. 한국 외무부에서는 저보고 가만히 있지 않고 이런 것을 자꾸 끄집어 내서 자기네들 골치 아프게 하냐고 제발 좀 가만히 있으라고 했다고요. 당시 의궤를 찾았을 때에 대사관에 제가 매일 같이 출근하다시피 했어요. 대사님께 지금 이것이 창고 속에 있으니 우리가 가져가는 것은 문제가 간단하다, 보통 서적도 아니고 파지로 분류되어 있으니까 찾는 것이 간단할 테니 어떻게 좀 힘을 써달라고 했죠.

그런데 대사님 말씀은 한불관계가 지금 묘하고 그리 좋지 않기 때문에 이 사람들 비위를 건드릴 수 없으니까 당신이 말할수가 없다고 하시더라고요. 개인적으로 저한테 참 잘해주신 분인데, 그 문제만큼은 본인으로서는 어떻게 할 수가 없다고 그렇게 말씀하시더라고요. 사실 우리가 가난할때 니까 문화재 같은데에 신경 쓸 때가 아니었죠.

대사님께서 이 부분에 대해 본국에 보고를 하셨는데 본국에서 묵살을 했는지, 그 분께서 지금은 때가 아니라고 생각하시고 가만히 계셨던 것 같아요. 그 부분에 대해서는 어떠한 말씀도 하지 않으셨거든요.

- 도서관에서 나오시게 된 것은 그 후의 일인가요?

도서관에서는 나를 반역자 취급을 했어요. 국립도서관의 비밀을 외부에다 누설시켰다는 죄목이었어요. 저는 백번 생각해도 이해할 수 없었어요. 도서관에 책이 있다는 것은 될 수 있는 대로 공고를 해서 모든 사람이 볼 수 있도록 하는 것이 도서관의 임무라 생각하는데, 제가 반역을 한 것도 아니고, 또 도서관에 있는 책이 있다고 말을 한 건데 그것이 왜 비밀이냐, 뭐 때문에 비밀이라고 하는 것인지 이해할 수 없었죠.

당시 도서가 있으면 카드가 있거나 대장이 있어야 하는데, 당시 카드도 없고 대장도 없고 아무것도 없었다고요. 그런데 한국 기자들은 강화도에서 가져간 외규장각 도서가 국립도서관에 있다고 떠들기 시작하고, 한국에 신문기사가 하나라도 또 나면, 그 신문을 번역을 해서 도서관 내 보도 담당실에 보고가 된다고요, 이런 기사가 또 나왔다고.

다음부터는 제가 도서관에 출근해서 퇴근할 때까지 일거수일투족을 다 감시를 하는 거예요, 하루는 관장님께서 직접 호출을 해서 사표를 내라고 하는 거예요. 과장도 같이 갔는데, 과장이 제가 오랫동안 그 책을 찾았다는 것을 말하고, 도서관 측과 상의하지 않고 외부 사람에게 말했다고 하더라고요. 내가 듣고 있다가, 도서관에 책이 있는 것을 보고, 어떤 책이 있다는 것을 얘기하는데 일일이 과장하고 상의를 해야 하느냐, 또 어떻게 그것이 도서관 비밀이냐, 나는 이해를 못하겠다고 하니, 관장님도 골치가 아프신 모양이에요.

그 때 도서관 측에서는 저에게 다른 취직자리를 구할 수 있도록 일년 봉급을 준대요. 말은 사표지만 쫓겨난 것이나 마찬가지죠 (웃음).

- 지금은 외규장각에 대한 관심이 높지만, 그 긴 시간을 혼자 이겨내시면서 가
  장 힘들었던 것은 무엇인가요?
한국 학자들의 냉대. 그리고 불란서 도서관 쪽에서 당한 냉대는 정말 지독
했어요. 제가 잠을 참 잘 자는 사람이에요. 불면이라는 것을 모르는 사람인
데, 그 때는 정말 잠이 안 오더라고요. 그래서 불면증이라는 것이 이렇게
힘든 거구나 알았어요.

- 마지막 소원은 파리 독립기념관 건립이라고 들었어요.
샤토뎅 가에 독립기념관을 만들어 놓고, 아니면 만드는 기세라도 보고 죽
었으면 좋겠어요. 제가 몇 십 년 동안 입이 마르도록 독립기념관 만들어야
된다고 했는데.
김규식 박사의 활동이 외교 활동의 시초라 할 수 있어요. 파리에 오셔서 몇
달 밖에 안 계셨지만 샤토뎅 가의 그 집에서 2년간 버티셨잖아요. 집세가
없어서 방 한 칸에서 지내시면서, '자유한국'도 발행하시고, 꾸리에와 팜플
렛도 발행하시고, 회의에도 참석하셨어요. 불어를 한마디도 못하시는 분
들이. 낮에는 사무실로 쓰고, 저녁에는 그곳에서 주무시고 그러시지 않았
을까 생각해요. 그분들이 그렇게 활동하지 않았다면 불란서에 한국이라
는 나라를 알리지 못했을 거예요. 한국을 처음으로 소개하고 한국을 알리
신 분들이에요. 더군다나 구라파 쪽에서는 더더욱 그렇죠. 독일에도 가셨
었고, 영국, 이태리에도 가셨어요. 이곳 저곳 다니시면서 회의에도 참석하
시고 한국을 알리셨죠. 이런 일들을 잊지 않아야 해요. 아직 드러나지 않은
참 아름다운 이야기들이 많아요. 제 제일 큰 소원이 바로 이러한 것들을 한
데 모아 후손들에게 물려줄 수 있는 파리 독립기념관을 건립하는 거예요.
우리가 움직인다면 틀림없이 정부도 도와줄 거예요.

/프랑스 파리= 동아닷컴 도깨비뉴스 통신원 파리아줌마

●

일본에 있는 국보급 우리 문화재

고려청자구룡정병(야마토문화관)

철조여래좌상. 고려 (당마사)

철조여래좌상. 남북국 신라 (가시하라시 자료관)

금동비로자나여래상. 남북국 신라 (도쿄국립박물관)

금동반가사유상. 백제 (도쿄국립박물관)

금동삼존불상. 백제

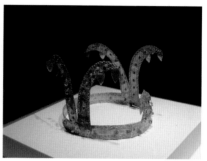

금관. 가야

금동맞새김관모. 중요문화재. 가야

금동관모장식. 신라

용무늬고리자루칼. 중요문화재. 가야 (도쿄국립박물관)

동제건통10년명종. 중요문화재 고려

동제상감'금산사'명향완받침. 고려

청동제용두초두. 중요문화재 가야 (도쿄국립박물관)

248

도기뿔잔받침. 신라 (도쿄국립박물관)

도기인화문골호. 남북국 신라 (도쿄국립박물관)

도기수레바퀴모양잔. 가야 (도쿄국립박물관)

도기말탄무사상. 신라 (도쿄국립박물관)

금동약사여래입상. 남북국 신라 (대마도)

금동맞새김장식. 고구려 (덴리대학)

철조여래좌상. 신라말~고려초 (고려미술관)

장무이전돌. 대방 (도쿄국립박물관)

청자 '효구각'명연화문정병. 고려 (네즈미술관)

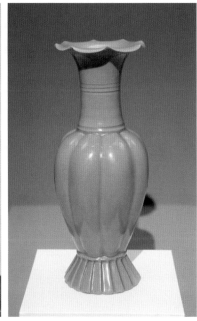

청자참외모양병. 고려 (일본 소재)

청자철채상감꽃가지문매병. 고려 (오사카동양도자미술관)

청자상감표형섬토문주자. 고려 (오사카시립미술관)

청자역상감연화넝쿨문주자. 승반. 고려
(아이치현 도자자료관)

분청사기조화문편병. 조선 (도쿄국립박물관)

백자동화호랑이문항아리. 조선 (일본민예관)

금동삼존불입상. 백제 (호류지보물관)

도기인화문피리. 신라 (덴리대참고관)

팔각오층석탑, 오층석탑. 고려 (동경 오쿠라전시관)

청자동녀연적. 고려 (오사카시립 동양도자미술관)   청자동자연적. 고려 (오사카시립 동양도자미술관)

청자상감동화모란문목긴병. 고려
(오사카시립 동양도자미술관)

청자철유상감여의두문병. 고려
(오사카시립 동양도자미술관)

백자참외모양주전자, 승반.
(오사카시립 동양도자미술관)

청자사자모양받침베개. 고려 (오사카시립 동양도자미술관)

백자청화'오위도총부'명거북해시계. 조선
(오사카시립 동양도자미술관)

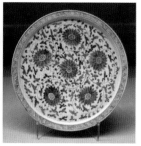

백자청화꽃넝쿨무늬전접시. 조선
(오사카시립 동양도자미술관)

백자청화매죽문항아리. 조선
(오사카시립 동양도자미술관)

백자청화송조문항아리. 조선
(오사카시립 동양도자미술관)

백자청화어문편병. 조선
(오사카시립 동양도자미술관)

분청사기집무늬편병. 조선
(오사카시립 동양도자미술관)

분청사기조어문장군병. 조선
(오사카시립 동양도자미술관)

백자철화호랑이사슴문항아리. 조선
(오사카시립 동양도자미술관)

백자추초문각항아리. 조선
(오사카시립 동양도자미술관)

백자양각청화호랑이문필통. 조선
(오사카시립 동양도자미술관)

• • •
백자청화추초문각병. 조선 (오사카시립 동양도자미술관)

• • •
백자양각연봉문병. 조선 (오사카시립 동양도자미술관)

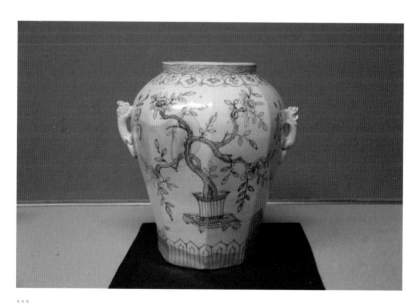

• • •
백자청화분재문각항아리. 조선 (오사카시립 동양도자미술관)

257

| 참고문헌 |

고제희, 『누가 문화재를 벙어리 기생이라 했는가』, 다른세상, 1999

_____, 『실록 소설 문화재 비화』, 돌베개, 1996

김대환, 『한국의 금관』, 경인문화사, 2020

_____, 『박물관에선 볼 수 없는 문화재』, 경인문화사, 2014

김경임, 『사라진 몽유도원도를 찾아서』, 산처럼, 2013

_____, 『약탈 문화재의 세계사 2』, 홍익출판사, 2017

김진송, 『서울에 딴스홀을 허하라』, 현실문화연구, 1999

김태웅·김대호, 『한국 근대사를 꿰뚫는 질문 29』, 아르테, 2019

박상진, 『직지 이야기』, 태학사, 2013

박창기, 『도요토미 히데요시-임진왜란 원흉, 일본인의 영웅』, 신아사, 2009

서영희, 『일제 침략과 대한제국의 종말』, 역사비평사, 2012

슈테판 퓌셀, 최경은 옮김, 『구텐베르크와 그의 영향』, 연세대대학출판문화원, 2014

문화재청 엮음, 『수난의 문화재』, 눌와, 2008

조정육, 『한 폭 종이에 낙원을 불러온 안견』, 2010, 아이세움

타니 아키라·신한균, 『사발』, 아우라, 2009

아라이 신이치, 이태진·김은주 옮김, 『약탈 문화재는 누구의 것인가』, 태학사, 2014

이구열, 『한국 문화재 수난사』, 돌베개, 2013

이성무, 『조선왕조사』, 책미래, 2018

이충렬, 『간송 전형필』, 김영사

이한우, 『세종-조선의 표준을 세우다』, 해냄, 2006

정재정, 『서울과 교토의 1만년』, 을유문화사, 2016

조용준, 『메이지 유신이 조선에 묻다』, 도도, 2018

오만·장원철 옮김, 『(프로이스의 일본사를 통해 다시 보는)임진왜란과 도요토미 히데요시』, 국립진주박물관 엮음, 2003

유성룡, 이재호 옮김, 『징비록』, 역사의아침, 2007

국립가야문화재연구소, 『가야 일제강점기 자료편』, 2018

오세창, 『근역서화징』, 시공사, 1998

조선총독부, 김문학 역, 『조선인의 사상과 성격』, 지식여행, 2010

최상준 등, 『조선기술발전사, 고려편』, 과학백과사전종합출판사, 1994

황수영 편,『일제기 문화재 피해자료』, 국외소재문화재재단, 사회평론, 2014년
『서울 2천년사-일제강점기 서울 도시문화와 일상생활』, 서울역사편찬원, 2015
『석굴암 기초자료집성』, 경주시·불국사박물관·미술사와 시각문화학회, 2014
'위창의 학예 연원과 서화사 연구' 예술의전당 기획 한국서예사특별전, 1996
『淺川佰教·淺川巧 兄弟の心と眼-朝鮮時代の美』, 淺川巧生誕120年記念 特別展, 大阪
　　　市立東洋陶瓷美術館, 2011

_ 논문

강민기, '조선물산공진회와 일본화의 공적 전시', 한국근현대미술사학, 2006. 8, 한국근
　　　현대미술사학회
목수현, '1930년대 경성의 전시공간' 한국근현대미술사학, 2009. 12, 한국근현대미술사
　　　학회
이은주, '일본 와비차의 성립에 대한 고찰-무라타 주코에서 센노 리큐까지', 경희대 교
　　　육대학원 석사학위논문, 2004
이현경·손오달·이나연, '문화재에서 문화유산으로: 한국의 문화재 개념 및 역할에 대
　　　한 역사적 고찰 및 비판' 문화정책논총, 2019. 12, 한국문화관광연구원
정영호, '백제금동반가사유상의 신례(新例)',『문화사학』제3호 1995. 6, 한국문화사학회
조형기, '일본 무사도 연구', 동아대 교육대학원 석사학위논문, 2002

_ 신문

김대환〈교수신문〉'고려궁지에서 출토된 세계 최초의 고려금속활자' 2015. 12. 15
　　　　　　　　　'25년 떠돌아다닌 1천500년 전 불상 공적 보호 시급하다' 2018. 1.3
이기환〈경향신문〉, '신라 57대 왕은 평양기생 차릉파?' 2012. 2. 15

_ 사전류

한국민족문화대백과
위키백과

역사 소설을 쓰게 되면서 가장 자주 찾는 곳 중 하나가 서울 용산에 있는 국립중앙박물관이다. 국립중앙박물관에서 역사 소설의 배경이 되는 유물을 보고 가끔 지인을 만나 식사를 하기도 한다. 역사 소설을 쓰면서 우리 유물의 소중함, 흥미로움, 경이로움을 깊게 즐기고 있었다.

국립중앙박물관의 넓고 커다란 로비에는 엄청나게 키가 큰 탑이 있다. 고려 경천사십층석탑. 고려 소설을 쓰면서 설명을 유심히 읽기는 했지만 지나쳤다.

그러다 경천사십층석탑이 일제강점기 때 일본 고관에 의해 약탈당하고 숱한 우여곡절을 겪은 사실을 알게 되었다. 일본까지 건너갔다가 천신만고 끝에 한국으로 돌아와 지금 서 있다고 생각하니 기가 막힐 정도였다. 무심하게 지나치던 경천사십층석탑이 완전히 다르게 보였고 역사를 모르고 지나쳤던 내 자신을 돌아보게 됐다. 경천사십층석탑뿐인가, 이토 히로부미가 일왕에게 바쳤던 고려청자도 그제서야 보였다. 찬란한 황금빛을 발하는 신라 금관은 말할 것도 없고 박물관 야외에서 관람객의 관심을 거의 받지 못하고 있는 불탑들의 사연은 헤아릴 수 없었다. 몇 년 전 어렵게 본 〈몽유도원도〉의 역정도 가슴을 치게 만들었다. 무엇하나 허투루 볼 게 없었다. 역사와 유물은 이어지고 얽히고 또 이어지면서 엄청난 이야기와 메시지를 던져 주고 있었다.

느낀 점은 우리 문화재, 유물 자체만으로도 아름답고 귀하지만 역사적 배경을 함께 알고 보면 감동이 몇 배가 넘는다는 것이었다. 박물관에 소장된 유물들이 말을 걸어오고, 그 주변의 역사가 파노라마처럼 펼쳐질 것이다. 나는 이 책을 통해 유물에서 느꼈던 감동과 어찌 보면 애수 어린 연민, 그리고 알고 싶었던 역사 이야기를 써보고 싶었다. 독자 여러분은 관심이 가는 장을 먼저 펼쳐 읽고 싶은 부분부터 읽어도 좋을듯싶다.

무엇보다 이 글을 쓰면서 내가 가장 많이 고양되고 힘을 얻었다. 독자 여러분에게도 그런 기회가 된다면 더 없이 기쁘겠다. 문화재에 깃든 우리 역사를 연구하는 데 있어 아모레퍼시픽재단의 지원이 큰 힘이 되었다.

앞서 여러 책을 써주신 많은 분의 연구와 저술이 있었기에 글을 마칠 수 있었다. 영예로운 선현들께 머리 숙여 예를 올린다. 아름다움을 창조한다는 것은 우주 질서에 대한 응시라고 생각한다. 눈부신 아름다움을 보여주신 조상들께 경의를 바친다. 지면을 할애해주신 경인문화사 한정희 대표님과 편집부 유지혜 씨에게도 고마운 마음을 전하고 싶다.

2020년 9월 17일

청룡동 昭琹齋에서

조선 막사발에서 신라 금관까지

우리 문화재의 정체성을 찾아서

초판 1쇄 발행 | 2020년 10월 30일
초판 2쇄 발행 | 2020년 12월 10일

지은이 손정미

펴낸이 한정희
편집·디자인 유지혜 김지선 박지현 한주연
마케팅 유인순 전병관 하재일

펴낸곳 역사인
출판신고 제 313-2010-60호(2010년 2월 24일)

주소 경기도 파주시 회동길 445-1 경인빌딩 B동 4층
대표전화 031-955-9300 | **팩스** 031-955-9310
홈페이지 www.kyunginp.co.kr | **전자우편** kyungin@kyunginp.co.kr

ISBN 979-11-86828-24-3 03910
값 18,000원